教育思想双書 2

知ることの力

心情主義の道徳教育を超えて

松下良平

勁草書房

はじめに

近年、道徳や対人関係や自己のあり方に関する教育を「心」へのはたらきかけとみなす傾向が、急速に広がりつつある。心を育てる、心を耕す、心に訴えかける、等々。このようなことばはこの一〇年ほどの間に、教育の世界に深く根を張るようになった。気持ちを大切にする、意欲を高める、やる気を引き出す、といったことばもまた、学校のみならず、さまざまな種類の学習の場や労働現場でも広く受け入れられるようになってきている。おしなべてそこには、知や認識といったものよりも、心情や感情といったものに目を向けていこうとする気配が漂っている。

このような傾向にはうなずけるところがないわけではない。数値目標、収支決算、費用対効果、収益率、負債残高、成績評定等々、合理的な計算や客観的な評価に日夜悩まされ、苦しめられている身にとっては、知とか認識とやらはなんともうとましい。こんな生活を続けていたら感情も感性もすり減っていき、人間としてのバランスを欠いてしまう。一人ひとり違うはずの「自分の気持ち」が無視されたり、ないがしろにされるのも辛い。一方、人やモノとのどこかよそよそしく無機質な関係がますます広がりつつある中では、「心あたたまる」ものや「ハートフルな」ものに接すると、なんだかホッとするというわけである。

だが、うなずけるのもそこまでである。視点を換えてながめると、昨今の「心」への関心の高まりの背後には、さまざまな病理がひそんでいることがわかってくるからだ。

まず最初に指摘すべきは、そこでは知の捉え方があまりにも狭く薄っぺらいということである。知が技術知・戦略知としての方法知に矮小化されることによって、人間が切り開いてきた多様な知がもっている豊かな可能性が失われつつある。しかも知を方法知に置き換える社会は、人々のつながりを破壊し、自己への信頼を蝕んでいくことによって人々の心に傷を負わせる。だが、矮小化された知では、そのような社会のあり方や、それを乗り越えていく方途を根元的《ラディカル》に問うことはできない。かくして、そのような社会では、心を傷つけられた人々は、傷つけた張本人の罪や責任を問うこともままならず、もっぱら心の傷の癒しのみに関心を向けることになる。人々が癒しを求め、心の専門家やマーケットがその切実な要求《ニーズ》に応えることをめざすだけの社会では、かの冷酷で無慈悲な知は無傷のまま生き延び、その後も不気味に増殖を続けていく。

教育の世界においても事情は同じである。近年もてはやされている「心の教育」もまた、薄っぺらな知しか念頭にない人々が内閉している社会に実に似つかわしい。つまり、知という武器を手にして、現状を冷静に分析し、問題を告発し、希望を求めて別の可能性を切り拓こうとするよりも、痛めつけられそうになったら自分だけの安全な場所に逃げ込んでしまうことをよしとする社会に、「心の教育」はまことにぴったりのキャッチ・フレーズなのだ。心の教育は、心のケアや感情の商品化が進んだり、消費者の心を読み解くことに躍起になる消費資本主義の社会や、「癒し」を必要とせざるをえないこの過酷な自由競争の社会の陰画としての側面をはっきりともっている。それはむしろ、技術知・戦略知が幅を利かせるこの過酷な社会へ人々を適応させるためにこそ必要なものだといってもよい。したがって当然のことながら、そこでいう「心」には、漱石が『こゝろ』で問いかけたような、時代と切り結んだきびしい倫理的な響きは、もはやまったくといっていいほどない。

本書がめざすのも、大きくいえば、このような意味の「心の教育」に対する批判である。ただしここでは、「心の教育」を要請し支えている社会構造を問い直すことによってその問題点を暴き出す、といったやり方はとらない。そのような批判は必要であり、また有意義でもあるが、「心の教育」への批判としてはあくまでも外在的なものにとどまるからである。つまりそのような批判は、教育の現場では必ずしも説得力をもたない。「心の教育」が、（たとえ見かけだけであったとしても）少しでも事態を改善したと思わせることができれば、それなりにそれは支持されてしまう。だとすれば、最終的に必要となるのは、「心の教育」の論理の内部に入り込み、「心」が要請される現場に立ち会うことを通じて、いわば内在的に問題点を抉り出していくことだからである。

とはいえ、「心の教育」という、あまりにも情緒的で、あいまいで、つかみどころのないものを直接に議論の対象とすることはむずかしいし、危険でもある。そこでここでは、「心」としての感情、意志、意欲、自覚等々を偏重する道徳教育論に議論を絞ることにしたい。すなわち、以下でわれわれが心情主義的と名づけるタイプの道徳教育論である。

認識（知っていること）と行為（行うこと）の対立や分裂を架橋するものとして「心」を位置づ

け、その「心」を育もうとする心情主義の道徳教育論は、今日のわが国の教育界を広く席捲し、人々の心性に深く根を下ろしている。本書のさしあたりの目的は、その心情主義的道徳教育論の誤りを明らかにすることである。いいかえれば、「心」という空虚な実体——人々を魅了し肯かせるが、実際にはどこにも存在しないもの——に寄りかかりつつ繰り広げられてきた教育実践を喜劇的かつ悲劇的光景として描き出すことであり、人々の情熱的な乱舞の舞台の底がすっぽりと抜け落ちていることを白日の下にさらすことである。かつて人々を戦争に駆りたてたり、バブル経済に狂奔させたりしたあの空虚な力は、形を変えながらではあるが、教育界にも依然として強く根を張っているといわざるをえないのだ。

しかしながら、誤解してはならないのだが、本書の最終的な目的は心情主義的道徳教育論の破綻を指摘することにあるのではない。むしろ、その対案となるものを提示し、道徳教育論の別の新たな枠組みを構想することにある。メイン・タイトルとなっている「知ることの力」の復権を道徳教育論において果たすこと、これこそが本書が最終的にめざしていることなのである。

「知は力なり」というモダンのテーゼは、とりわけここ二〇年ほどの間に「知は権力なり」というポストモダンのテーゼから執拗な攻撃を受けることによって、大いなる危機にさらされることになった。「知の力」にラディカルな懐疑のまなざしが向けられることに伴って、近代教育もまた次第に自らの存立根拠を疑うようになり、しばしば自信を失うようになってきた。とはいえ、昨今の近代教育（とりわけ学校教育）迷走の責を、この「知は権力なり」というポストモダンのテーゼを唱えた人々に押しつけるとすれば、それはあまりにもお門違いというものである。むしろそのテーゼは今なお鮮烈な輝きを失っていない。ポストモダンが唱えられてからすでにかなりの時を経たにもかかわらず、皮肉なことに従来以上に自然支配や人間支配の知としてのモダンの知が勢いを増してきている現代社会では、「知は権力なり」というテーゼの意義は――それがもっているものこそもう一つの「知の力」といえるのだが――依然として十分に汲み取られていないといった方がよく、それを一時の流行として捨て去ることなど到底許されるものではない。

にもかかわらず、権力としての知のテーゼが教育（学）に与えた影響については反省すべき点もある。ポストモダンの権力論それ自身はきわめて主知主義的性格をもっているにもかかわらず、そこでなされた知に対する全面的な懐疑（あるいは「ケア」「身体」「美」といった問題への退却）は、「知ること」がもつ多様な力、すなわち「知は力なり」というモダンのテーゼに回収しきれない、知の積極的な力をも侵蝕することになったと考えられるからである。教育という文脈に照らしていえば、近代知への批判が「体験」や「カウンセリング」や「癒し」の称揚に横滑りすることによって、ポストモダンの権力論は（たとえ意図せざる結果とはいえ）蒙昧主義を招来しがちになったということだ。

この本では、このような問題意識に立って、改めて「知ることの力」の復権を試みてみたい。とはいえ、それはもちろん「知は力なり」という古典的なモダンのテーゼ――その教育版が「学力低下」を憂慮して旧来の知の確実な定着を説く昨今の主張である――に居直ることではない。知の権力性を踏まえつつ、自然や人間の合理的な支配や制御のための力としての〈知の力〉を根本から問い直すことによって、「知の力」がもっている別の側面に光を当てることである。

このようなテーマを追究する際の手がかりとしてわれわれが目をつけたのは、「わかっているのにやらない（やめられない・できない）」という現象である。この現象は日常生活の至るところで見られるものであり、世界で起きていることのあまりにも些細なひとこまにすぎない。けれども、「神は細部に宿る」の喩え通り、この現象にはあらゆるものが織り込まれている。過去と現在にわたる森羅万象が、絡まり合ったりもつれ合ったりしながら陰に陽に刻み込まれている。そのため、その現象の解明は文字通り一筋縄ではいかない。しかし、たとえ手探りであろうと、その複雑に絡まり合った糸を一つひとつ解きほぐしていけば、道徳教育のさまざまな課題が明らかになるし、さらには近代の知のあり方、近代社会の構造、現代日本社会のあり方をめぐるさまざまな問題点までも浮き彫りになる。

一方、心情主義的道徳教育論はこの「わかっているのにやらない」現象をきわめて明快かつわかりやすく説明する。つまり、心の中の大切な何かが足りない（弱い・貧しい）からその現象は起こるのだ、と説明する。われわれがどこかうさんくさいと思うのは、この明快さであり、わかりやすさである。今日、教育や研究に関係する場で、多くの人が得々としてこう説く。むずかしいことを簡潔にわかりやすく述べることこそが大切だ、と。たしかに、〝知識人〟が自らの浅薄さを粉飾したり、自らの優越性を捏造したりするための衒学趣味は困りものである。とはいえ、どんな複雑な語りも、現実の複雑さに比べればはるかに単純である。だとするなら、現実の複雑さにできるだけ肉迫しようとして複雑怪奇な言語の海で溺れそうになりながら悪戦苦闘している人は、やたらとわかりやすい語りをする人に比べ、よほど知的に誠実だともいえる。だが、心情主義的道徳教育論は、そのような誠実さをはなから信じていない。それどころか、そのわかりやすさや明快さの背後に、傲慢さや鈍感さを抜き差しがたく宿している。

もちろんここでは、わかりやすいことはよくない、といっているわけではまったくない。複雑な現実についての理解や説明を他人にわかってもらうという関心に支えられているのが「理論」であることを考えれば、「わかりやすさ」は理論にとっても最も基本的な価値の一つである。そのことを重々承知の上で本書がもくろむのは、簡単にみえることを（現実のありように即して）複雑に語ることであり、そのことを通じて、世界についての一つのシンプルな見取り図を描くことである。「わかっているのにやらない」というごく単純でありふれた現象の中に、どれほど多様な社会と歴史の現実がかかわっているかを明らかにすることによって、われわれが生きている世界の姿を一つの視点から簡潔に描き出してみることである。

この小著をめぐって納得できたことに関して、各自が自分なりのアクションを少しずつでも起こしてくださることを、筆者としては願わずにはいられない。

目次

第1章　ロケットモデルをめぐる対立

I　ロケットが生み出す〈心〉？

1　「わかっているのにやらない」のはなぜか

「（すべきだと）わかっているのにやらない」あるいは「（してはいけないと）知っているのだけれどやってしまう」現象は、子どもたちの世界では少しもめずらしいことではない。何度いいきかせても性懲りもなく忘れ物をする子ども。いじめはいけないと口酸っぱく教え諭したのにいじめをくり返す子ども。なぜ道路にゴミを捨ててはいけないかそのわけをわかりやすく説明したのに、やはりポイ捨てをする子ども。数えあげればきりがないほどだ。だがこうした現象はなにも子どもに限ったことではない。ひょっとしたら大人の方がずっとひどいかもしれない。してはいけないとわかっているのに、嘘をついたり、ごまかしたり、駐車禁止の場所に車を止めたり、スピード違反をしたり、電車やバス内で携帯電話をかけたり、脱税をしたりする。あるいはすべきとわかっているのに、発言しなかったり、人を手助けしなかったり、選挙に行かなかったり、地域やＰＴＡの集まりに出なかったりする。これまた枚挙に暇がない。

知ることと行うことのこのようなギャップ――本書ではそれを「知行不一致現象」と呼ぶことにしよう――があまりにも目につくために、多くの人は、行為できるためには認識したり理解することはそれほど重要ではない、という結論を導き出してきた。たしかに彼らも大抵は、正しい・よい行為ができるためには何が正しいか・よいかについて一定の認識や理解が必要であることを認める。しかし、そうした認識がその行為化にとって十分であるとは考えない。なぜなら、その行為化には、認識を実行に移すための推進力や起動力としてはたらく感情や情意、すなわち意欲、意志、やる気等々が欠かせないからである。

このような知と行為の二元論的な捉え方、あるいはそこから派生した認識・情意・行為の三分法的理解は、今日の日本社会のように、現に人々が身につけている知性（たとえば「学力」）が必ずしも道徳的な行為を生まず、逆に知的エリートが人の心を踏みにじったり犯罪に手を染めたりするなど、「頭はよいがモラルに欠ける」人間が散見されるにつれて（さらには「知的には必ずしもすぐれていなくても人間的にはすばらしい」人々に光が当てられるほどに）、ますます強化されてきているといってよい。こうした見解はシンプルでわかりやすく、「義を見てせざるは勇無きなり」等の格言もあるように、今日においてはむしろ人々の常識にさえなっていよう。今日のほとんどの道徳教育の理論と実践もまた、知行不一致現象の解消をめざすとき、知と行為の関係についてのこの常識的見解に依拠しているのである。

しかしながら、本書で明らかにしたいのは、この常識的見解が基本的に間違っているということである。この常識は、道徳的認識についての歪曲あるいは矮小化された捉え方を議論の前提にすることによってはじめて成り立つ。いいかえれば、道徳的認識の本来のあり方に立って議論をすすめると、知行二元論や認識・情意・行為の三分法も、さらには知・情・意の三分法も成り立たず、よってこの常識的見解も破綻せざるをえない。結論の根幹部分を先取りしていえば、われわれが示したいのは、知行不一致現象は道徳的理解の不十分さや一定の性質のゆえに生じるのであって、認識や知から切り離された情意や感情なるものの欠如によって生じるのではない、ということである。

そのことを踏まえて本書が最終的にめざすのは、知と行為の関係をめぐる道徳教育論の枠組みの転換にほかならない。知行二元論や認識・情意・行為の三分法に立脚しながら知行不一致現象の解消を企てようとする道徳教育論の抱える深刻な闇を明らかにするとともに、その誤った道徳教育論の代案として、知行不一致現象に対応するための教育の別の新たな枠組みを提示すること、これが本書の目的である。

まず最初に知行二元論や認識・情意・行為の三分法に対する擁護と批判の理論的系譜の双方を概観した上で（第1章）、道徳的理解（＝道徳原理を理解すること）の基本構造を明らかにし（第2章）、その基本構造の観点から知行不一致現象がなぜ生じるのかを説明してみよう（第3章）。さらにそのことを踏まえて、この現象に対応する際の教育の基本原則を提示するとともに、知行二元論や認識・情意・行為の三分法にもとづいた旧来の道徳教育論が根本的な問題点を抱えていることを明らかにする（第4章）。最後に、この旧来の枠組みから新しい枠組みへの転換が近代の道徳観や認識論や社会構造の変革の問題と複雑に絡み合っていることを指摘したい（第5章）。

2　心情主義的道徳教育論とロケットモデル

知と行為の二元論や認識・情意・行為、あるいは知・情・意の三分法に依拠する道徳教育論を、本書では「心情主義的道徳教育論」と呼ぶことにする。本書の意図をはっきりとさせるためにも、まずここで、心情主義的道徳教育論とは何かについて簡単な整理をしておこう。

この理論の特徴は、認識と情意と行為の関係を、あたかもロケット本体と燃料（エネルギー源）と運動の関係と同じであるかのように捉えていることである。すなわち、ロケット本体が燃料＝エネルギーを供給されることによって飛び出すように、判断や知識も、意欲や自覚や「やる気」という心的エネルギーを与えられることによって行為に移るというわけである。それゆえそこでは、知性と感情と意志すなわち知・情・意の関係も、ロケット本体と重力と推進力とのアナロジーで捉えられることになる。ロケットが飛び出すためには自然の重力に逆らう推進力が必要なように、判断・知識が行為に移るためには〈自然の傾向性（inclination）＝衝動や欲望等の感情的なもの〉に抗う意志の力や心構えが必要というわけである。かくして、このような三段構えの構図にもとづいて認識と行為の関係を説明する図式を、ここでは「ロケットモデル」と呼ぶことにしよう[1]。心情主義的道徳教育論とは、いいかえればこのロケットモデルに立脚した道徳教育論のことにほかならない。

このような図式のもとでは、「わかっているのにやらない」現象の原因は必然的に、認識や理解の不十分さというよりも、認識と行為を媒介するものとしての意欲や自覚等の欠如や意志の弱さの方にあることになる。すなわちその現象は、「頭ではわかっているんだけど『意欲や自覚が足りないから』やらない」とか、「悪いこととは知りながら『衝動や欲望を抑えきれずに』『快楽に目がくらんで』『誘惑にそそのかされて』それをやってしまう」事態として説明されるのである。そしてこのような現象は今日多く見られるので、道徳教育の中心課題は、道徳的認識や判断力を身につけることよりも、意欲や自覚を高めたり、意志力や集中力や自己抑制力を鍛えることだとする考え方が広まることになる。この道徳教育論が「心情主義的」と形容されるゆえんである。

たとえば、その課題をあまりにも額面通りに受け取った――たとえば「出来心」や「遊び心」や「自制心」なる「心」がほんとうに存在すると信じた――大人・教師たちは、従来次のように考えた。たるんだ精神に「活を入れ」たり、脆弱な心に「気合を入れ」たり、無気力な心から「やる気を引き出し」たりするためには、子どもを竹刀やバットで叩いたり、平手打ちを食らわせたり、きびしくしごいたり、辛いスポーツ（たとえばヨット）訓練をさせることが必要だ、と。あるいは、それさえもまどろっこしいと考えた大人・教師たちは、子どもたちの自覚や意志に訴えかける代わりに、処罰や恫喝が与える恐怖心を利用して、もっと直接に彼らの衝動や欲望を抑え込もうとした。

けれども、このようないわば武闘派は、一九八〇年代から九〇年代にかけての体罰批判の高まりの中で、きびしい世評にさらされるようになり、表立っては支持されなくなる。そこで〝人権派〟がこの知行不一致現象に対する別の打開策を出し、今日それが、少なくとも表向きは主流となっている。彼ら人権派は、〝体罰派（武闘派）〟と同じように子どもたちの自覚や意欲の欠如、心や精神力の脆さ、意志の弱さ等々を当の現象の原因とみなすが、それらの欠如や弱さを体罰派のように身体的力（暴力）という「野蛮な」方法によって克服しようとはしない。その代わりに、「道徳」授業（「道徳の時間」）においては、「副読本」（読み物資料）を読んで登場人物――自らの意志を貫き通した人を含む――の「気持ち」について話し合うという従来のやり方に加えて、ロール・プレイングをする、（教養番組やドキュメンタリーなどの）TV番組やビデオを見る、ゲストスピーカーの話を聞く、等々の方法を用いて意欲や自覚を高めようとするのである。(2)

あるいは「道徳」授業以外では、集団生活（学級会活動や課外活動など）や、ボランティア活動（奉仕活動）・職場体験・野外活動などの「体験」を通じて、意欲・自覚を高めたり、自分の欲望を抑える（我慢する）経験を積ませたりといった方法が採られることもあれば、カウンセリング的技法を通じて、人やものとのかかわりへの意欲を高めたり、キレそうになる気持ちをコントロールしたり、といった方法が用いられることもある。近年の「心の教育」ブームの中では、「道徳」授業よりもこちらの方が主流になりつつあるのは、いうまでもなかろう。さらに場合によっては、座禅を組ませて「邪念」を追い払い集中力を鍛えたりといったやり方が採用されることもあるし、(3) 各人の心にはたらきかける余裕がないときには、ゲームやアトラクション等々の手段を用いて集団的な精神的高揚（ノリや場の雰囲気など）をつくりだすことで、一気に意欲の欠如を解消しようとする道が選ばれることもある。

しかしながらここでは、心情主義的道徳教育論の人権派は、これら〝心情派〟だけとは限らないことにも注意しておく必要がある。たしかに、認識・情意・行為の三分法の枠組みをもっている人が、知行不一致現象が後を絶たない事態に直面すると、情意の部分に目を向けるようになるのは自然のなりゆきというべきであろう（それゆえ〝心情派〟こそが正統派の立場であるといってよい）。だが同様の事態を目の前にしても、心情的なものを「うさんくさい」と思えば、その人は認識・情意・行為の三分法の枠組みの中であえて「情意」ではなく「認識」に目を向けることがある。だとすると、心情派を嫌悪し、ことばに限りない信頼を寄せるいわば〝言語派〟の人々も、皮肉なことに心情主義的道徳教育論の人権派に含めることができるといわなければならない。なるほど彼ら言語派は、子どもたちがわかっていてもできないのは、意志が弱かったり意欲や自覚が欠如しているというよりも、まだまだことばによる説明や説得が足りないからだと考える。そうして知行不一致現象が生じた場合、子どもたちを諄々と説き伏せようとする。けれども、この言語派もロケットモデルを自明の前提とし、情意と切り離されたものとしての認識、つまり言語を通じた認識を認識の本来の姿とみなしている点では、実は心情派と同じである。そのため、ことばで訴えることに失望してしまえば、簡単に心情派に寝返ってしまいかねないのだ。人権派のうちの心情派と言語派は、外貌がどれほど異なるにせよ、実は同じ親から生まれた兄弟にすぎない。そして同様に、ともにロケットモデルを支持している点で、人権派と体罰派も、どれほど仲たがいがはげしいにせよ、実は深い縁戚関係にあるといわなければならないのである。

いずれにせよ、ロケットモデルに立脚した道徳教育論は心情主義的として総称されるとはいえ、その直接的な反動としての言語主義の立場や、そのアンダーグラウンドな先鋭化としての鍛錬主義あるいは体罰派の立場を傍系として含んでいる。だとすると、心情主義の道徳教育論を批判する本書の立場からすれば、体罰派はいうまでもなく上記の人権派（心情派・言語派）であっても、実は基本的な点で同じように誤っている。この人権派は体罰派よりも進歩的で教育的であるとふつう考えられているが、ロケットモデルに依拠することによって道徳的認識を矮小化してしまったり、知行不一致現象の原因を捉えそこなったりしている点に限っていえば、この両派に違いはないのである。

けれども、注目すべきことに、ロケットモデルの中核をなす認識・情意・行為の三段構えの考え方は、わが国の戦後の学習指導要領の中に一貫して、しかもきわめて典型的な形であらわれている。ここでは、現行（一九九八年改訂）の学習指導要領に依拠した小学校および中学校用の文部省（現文部科学省）著『学習指導要領解説・道徳編』を見てみよう。学習指導要領の「第3章　道徳」の「第1　目標」に「道徳教育の目標は、…学校の教育活動全体を通じて、道徳的な心情、判断力、実践意欲と態度などの道徳性を養うこととする」とあるのを承けて、上記『解説』はこれら「道徳性を構成する諸様相」について次のように述べる。

道徳的心情は、道徳的価値の大切さを感じ取り、善を行うことを喜び、悪を憎む感情のことである。人間としてのよりよい生き方や善を志向する感情であるともいえる。それは、道徳的行為への動機として強く作用するものである。

道徳的判断力は、それぞれの場面において善悪を判断する能力である。つまり、人間として生きるために道徳的価値が大切なことを理解し、様々な状況下において人間としてどのように対処することが望まれるかを判断する力である。的確な道徳的判断力をもつことによって、それぞれの場面において機に応じた道徳的行為が可能になる。

道徳的実践意欲と態度は、道徳的心情や道徳的判断力によって価値があるとされた行動をとろうとする傾向性を意味する。道徳的実践意欲は、道徳的心情や道徳的判断力を基盤とし道徳的価値を実現しようとする意志の働きであり、道徳的態度は、それらに裏付けられた具体的な道徳的行為への身構えであるということができる。(4)

ここでは、①「道徳的判断力」や「道徳的心情」は、②「道徳的心情や道徳的判断力によって価値があるとされた行動をとろうとする傾向性」、すなわち「意志の働き」としての「道徳的実践意欲」や、「具体的な道徳的行為への身構え」としての「道徳的態度」を媒介として、③「道徳的行為」に移される、という構図がはっきりと支持されている。

このロケットモデル的発想はもちろん今回の学習指導要領で初めて採用されたわけではない。

「道徳の時間」が特設された一九五八年版の文部省著『小学校道徳指導書』にすでに類似の表現があり、(5) その後の指導要領改訂時の文部省『指導書』に表現を微妙に変えながら引き継がれ、現行版の『学習指導要領解説・道徳編』に至っている。ともかくここでは、ロケットモデル的発想が戦後日本の学校における道徳教育を一貫して拘束し支配してきたことを確認すれば、さしあたり十分である。

II ロケットモデル擁護の系譜

1　カントとシュプランガー

ロケットモデルに対する批判に着手する前に、知と行為の関係のロケットモデルが人々の常識を形づくっているだけでなく、思想的・理論的にいかに根深いかについて、あるいは逆にそのモデルがどのように批判されてきたかについて、簡単にでも概観しておくことが必要だと思われる。とりわけ、このモデルに対する批判の系譜をたどってみることは、先行研究の意義と限界を示すことにもなるからである。ここでは以上の概観を、道徳教育論に直接的あるいは間接的に関わっている論者の見解を中心に試みることにしよう。

まず最初はロケットモデル擁護の系譜である。すなわち、知行不一致の現象の原因を、知を行為に導く心的エネルギーの欠如や、欲望や衝動などの〝反道徳的力〟に抗する意志の弱さに見る思想の系譜である。このモデルは洋の東西を問わず広く根づいており、その擁護者も至るところに存在している。そのためか、後述するその批判の系譜においても、多かれ少なかれこのモデルの名残が見いだせる。だがそれと同様に、擁護の系譜にも批判の契機をはらんだものは少なくなく、いずれにせよこの二つの系譜を截然と分けることは多くの場合に容易ではない。そのことを念頭に置いた上で、ここではいくつかの代表的な事例を紹介しよう。

(1)　ロケットモデルは、客観的〈実在〉＝「理性の事実」としての「道徳法則」を仮定し、それへの無条件的な尊敬に道徳性を認めるカントの義務論的な倫理学と、ある意味ではきわめて整合的である。[6] というのも、カント倫理学（や道徳教育論）においては、反道徳的なものとしての欲望・衝動・本能等の「傾向性」(Neigung) に打ち勝って道徳法則のみに従う意志や「道徳的感情」（の形成）に、重要な価値が与えられているからである。いいかえれば、そこでは判断と行為の不一致は、判断と対立する本能的傾向に意志が屈服することによって説明できるからである。

ただし同時に、カントにおいては、傾向性に抗うその意志や感情の内実こそがむしろ問われていたことにも目を向けなければならない。というのも、そこでは行為は、その結果に対する功利的世俗的な関心にもとづかない、すなわち道徳法則をそれ自体のために尊敬する〈純粋な意志（自由な意志）〉が差し向けられてはじめて、正当なものとなるからである。つまりカントは、傾向性を克服して行為が望ましい道徳法則に一致しさえすればいいと考えていたわけでは断じてない。だとすれば、カントによる〈意志〉の理論を克服すべき「傾向性」との関係ではなく、尊敬すべき「道徳法則」との関係で捉えると、道徳的認識や理解の内実を問うた理論として解釈し直すことも可能である。そのときは逆に、その再構成されたカント倫理学をロケットモデル批判のために利用することも可能になろう（第5章・I・4を参照）。

(2)　このモデルを最もわかりやすい形で信奉していると考えられるのは、まずだれよりもエデュアルト・シュプランガー（Eduard Spranger）であろう。というのも彼は、たとえば次のように述べて、「規則や原理の外に、その原理を遂行するための意志の力を必要とする」(7) ことを強調しているからである。

人間は正しく観察し、正しく判断しながら、而もそれを実行しない場合もあるのである。……一般的に云つて、道徳的識見は未だ直ちに善き「行ひ」を生み出すものではない。其処には更に、「善」に反抗する本能の暴力を克服する力が加つて来なくてはならぬ。我々は、単に言葉だけで、言葉だけの教へでこの大切な「克己」、或は「道徳的意力」を克ち得る事は出来ないのである。その為には英国人がよく云ふ、所謂〝moral training〟――道徳的練習が必要なのである。(8)

こうしてシュプランガーによれば、判断力形成よりも「高度の自己の覚醒」等の性格形成が道徳教育論の関心事となる。「一般に精神に目覚めた人は、良心の声だけは聞こえても、ただしばしば行動の力が欠けていて、他の衝動の誘惑に良心の調整作用が勝つのを助けることができない。どのようにしてこの道徳的なエネルギーを教え子の中に強化することができるかが、教育の最大の秘密なのである」[9]。

2　ロジャー・ストローン

今のシュプランガーの引用からもうかがえるように、ロケットモデル擁護の傾向は、ドイツの思想家だけでなく、イギリス流の moral training の伝統を引き継いだ分析哲学系の教育論の中にもはっきりと見いだすことができる。たとえばジョン・ウィルソン（John Wilson）[10]であり、T・W・ムーア（T. W. Moore）[11]であり、わが国では小泉仰[12]である。

それらの人々の多くは、判断の正当化の問題が判断を行為に移すときの動機づけの問題と深くかかわっていることを認める。その点で単純な知行二元論を否定する。けれども、正当化と動機づけの区別は、最終的に、単に概念的にだけではなく実体的にも保持される。つまり、正当化と動機づけは（つまり知ることと行うことは）最終的には一致するとは限らず、自ら下した判断（良心の決定）を欲望や衝動に屈服せずにいかに貫き通すか、という問題構制は残るわけである。こうして、それなりに洗練された形で結局ロケットモデルは擁護されるのである。

ここでは、そのような見解に立つ論者の代表としてロジャー・ストローン（Roger Straughan）[13]を取りあげてみよう。というのも、ストローンは『すべきだが…』（*I Ought to, but ...*）という著作の中で、「本当には知っていないから行為できないのであって、本当に知れば必ず行為する。よって知行不一致現象は存在しても、意志の弱さや道徳的弱さという現象は実際には存在しない（つまり見かけ上の現象にすぎない）」とする考えに一貫して反対し、「意志の弱さ」や「道徳的弱さ」を克服するための道徳教育を唱えているからである。しかも、ストローンは、「意志の弱さ」や「道徳的弱さ」の意味（判定基準）を相当に限定して用いており、[14] 知行不一致の現象をすべてそれらのせいにするような安易なことはしない。また彼は、「意志」なる「実体」を拒否しているので、[15] 意志の弱さを克服するという名のもとに意志なる架空の実体を直接に鍛錬することをめざす、そういう素朴な発想にもけっして陥っていない。それゆえそれは、ここで十分に検討に値する内容をもっていると考えられる。

そこでまず、ストローンのいう意志の弱さの意味がどれほど限定されているかについて、確認してみよう。というのも、次のIII節で述べるロケットモデル批判者は意志の弱さの問題を知やその他の問題に置き換えることによって、意志の弱さを擁護する論を批判しているが、ストローンの擁護する「意志の弱い行動」は、そうした批判の多くをすでに免れていると思われるからである。つまり彼は、ロケットモデル批判の系譜に属する論者の主張をそれなりに理解しながら、なおかつ最終的にロケットモデルを擁護するという、かなりデリケートな立場を取っているのだ。

まず確認しなければならないのは、ストローンが、判断や信念と行為の「不一致」が「本来性(genuineness)」をもつときのみに、つまり行為へと至らなかった「『べき』言明」（'ought'- sentence）や「『べき』判断」が「まじめさ（sincerity）」をもつときのみに、意志の弱さを認めていることである。そのため、たとえば「短見や考慮すべきものへの不注意」といった「誤判断」や「知識の欠如」にもとづく〝「べき」判断〟や、熟慮の結果下されたのではない〝判断〟が行為に至らなくても、意志の弱さのせいにされることはない[16]。それゆえまた、「認識の欠如が知行の不一致をもたらしうる」ことについてのアリストテレスの説明枠、たとえば「大前提と小前提を共に認識しつつも小前提をはたらかすことができない場合、認識していても行為できないことはありうる」(III・1を参照)といった観点から説明可能な事例を安易に意志の弱さの事例に含めるようなこともしない[17]。要するに、ストローンに対して、「行為につながる〈知る〉とつながらない〝知る〟を区別できていないために、安易に『意志の弱さ』といった概念を持ち出しているのではないか」といった批判をするならば、それは的外れだ、ということである。ストローンは、二種類の「知る」を区別した上で、本来の〈知る〉であっても意志の弱さのために行為に至らない場合があると主張しているからである。

さらにまた、別の行為を選択する心理的・身体的な自由がそもそも奪われているときにも、判断と行為の不一致は意志の弱さのせいとはみなされない[18]。たとえば、一定の行動を因果的に引き起こす(cause)ほどの強力な欲望(desires)・衝動・情緒等によって「『べき』判断」が行為に移されない場合は、意志の弱さの事例からあらかじめ除外されている(アリストテレスのいう性急さ[プロペテイア]など)[19]。もちろん、後述のR・M・ヘアのいう「偽善」「不誠実」「自己欺瞞」も、同様に意志の弱さから除外されている[20]。

そのうえで、ストローンは以下のような論理で「意志の弱さ」を擁護する。彼によれば、意志の弱さを擁護できるのは、価値判断すなわち彼のいう「『べき』言明」や「『べき』判断」が次の「三つの論理的特性」をもっているからにほかならない。(21)

①「『べき』言明」はその背後に言明を正当化するための理由をもっているが、その正当化(justification)を行う要因と動機づけ(motivation)を行う要因は区別される。

②「『べき』言明」は確実に生じるであろう事柄についての言明ではなく、よって一定の結果を必ずもたらすことを保証するものではない。それゆえ「……すべき」と判断しても、必ずしもその行為を実際に行うとは限らない。

③②のような事態が生じるのは、「べき」判断の実行化を阻む要因がそれぞれの事例ごとに存在している可能性があるからである。つまり「『べき』言明」は、その実現＝行為化に「対抗する要因の可能性」を含意しているのである。

ストローンは、以上の三つの論理的特性を「言語的に中心的な」ものだとして、「『べき』言明」の日常的用法を（たとえばヘアの指摘するものに比べて）最も強力に反映していると主張する。(22) そしてたしかに、その論理的特性を価値判断の日常的用法をそのまま記述することによって得られたものとみなす限り、その特性の存在はおそらくだれにも否定しようがない。よって、その論理的特性が、事実としてわれわれ日本人の日常的用法の論理ともおおむね合致していることも間違いない。ストローンの説の是非について論評する（第4章を参照）前に、われわれとしても、まずそのことだけは認めておく必要があろう。

III ロケットモデル批判の系譜

1 アリストテレス

ロケットモデルに対する批判の系譜は、遠く古代ギリシアにまでさかのぼることができる。たとえば、アリストテレスによる「アクラシア」（akrasia：無抑制）問題の解決法は、明らかにロケットモデル批判の先駆をなすものである。アリストテレスは「無抑制とは無知であり、抑制とは知にほかならない」とするソクラテスの見解を引き継いで、よいと知っていてもその通り行動できない（あるいはわるいと知りつつそれを行う）、すなわち抑制力のはたらかない状態を、「知る」ことの質に関係づけて説明した。アリストテレスによると、たとえば以下のような場合に、人は「知っているにもかかわらずそれに背いて行為する」ことになる。それを手短に要約してみよう。(23)

① 認識をもっていながらそれを用いていない・はたらかせていない場合。

② 認識をもっていながらも、眠っていたり、酒に酔っていたり、パトス［情念］にとらわれるなどしてそれをはたらかすことができない場合。あるいは「認識している」（エピスタスタイ）のではなく、（酔っぱらいや初学者や俳優のように）「口にする」（レゲイン）にとどまるような仕方で知っているにすぎない場合［ただしこの②は①の特殊なケースとして位置づけることもできると思わ

れる」。

③「実践三段論法」において人が大前提（普遍的当為命題）と小前提（具体的個別的な事実）を認識すれば、その人はその認識の論理的結論としてその普遍的当為命題に従って実際に行為する。そうであれば、次のような場合には「両前提の認識はもちつつ認識に背いて行為する」ことがありうる。すなわち、(a)実践三段論法において大前提の認識ははたらかせていても小前提の認識ははたらかせていない場合や、(b)大前提における普遍的名辞を個別的な事例として認識できない場合（たとえば「どの人間にも乾いた食物が健康によい」という大前提において、「乾いた」という性質を個々の具体的食物について認識できないとき）。

④　実践三段論法の大前提において複数の普遍的命題（「すべての甘いものは快い」と「すべての甘いものを食べるな」）があり、さらに現実に存在している甘いもの（個物）について「このものは甘い」と認識できて（しかし同時に「このものを食べるべきではない」とは認識できず）、しかも甘いものに対する欲望が現実に存在する場合（そのとき、「すべての甘いものは快い」という普遍命題の認識は欲望にいざなわれて行為に至るが、同時に「すべての甘いものを食べるな」という普遍命題の認識に背いてその人は行為することになる）。

こうして、以上を総括するようにアリストテレスはいう。「同じひとが知慮あるひとたると同時にまた抑制力のないひとたること、こうしたことはやはり不可能である。……ひとは単に知っていることによって知慮あるひとたるのではなくして、それを実践しうるひとたることによってそうなのであるが、抑制力のないひとというのはこのような実践のできないひとにほかならない」[24]。要するに、「無抑制的なひととは、そんなわけで、認識を持ちかつこの認識を働かせているところのひとの知っているのと同じ意味において知っているとはいえないひと」[25]なのである。

このように「無抑制」についてのアリストテレスの分析はかなり詳細で有益なものである。ただし、本書でのこれからの議論の展開との関係でいえば、実践三段論法の大前提の認識が論理的な普遍と個別の関係でしか捉えられていないことに、ここではさしあたり注意しておきたい。

2　村井　実

村井実は、このようなソクラテスやアリストテレスに学んで、ここでいうロケットモデルに批判的である。村井は、「原理・原則を『知る』ことがそのまま『行なう』ことの一部をなしている」[26]、あるいは「道徳教育において、『知る』こと、あるいは知的な『理解』は、自然に必然的に実践につながらざるをえない」[27]と述べ、そのためには「知る」ことや「理解する」ことが教師の想定している言語を「再現する」だけの「知識の『授受』」とは異ならなければならないことを主張した。また「意志」についても、それは「人間の内部に実在する強力な支配者」[28]を指すのではなく、行動を説明してくれる原因究明の過程で因果系列の追跡を中断する場合にその場しのぎに持ち出される「幻想」にすぎないとみなす。[29]それゆえ意志は「行動選択の過程における因果的秩序性や論理性を意味する言葉にすぎない」[30]のであり、むしろ「知性」と一体となったものなのである。

しかしながら、村井の論理に従えば、原則・規則や行為の「正当化」（の理解）の徹底が「内的強制力」の強化に必然的につながるはずであるにもかかわらず、村井はこの両者が結びつく具体的な道筋を明らかにしていない[31]。それどころか、この点をめぐっては村井の中にかなりの曖昧さが残っている。というのも村井は、他方で、「道徳あるいは道徳教育の全体から見れば、論理的・知的な『正当化』もたしかに重要な、必要な部分ではあるが、それだけですべてが十分というわけではない。『正当化』された原則や規則や行為を、さらに実際に守らせたり踏み行なわせたりする仕方という、異っ《ママ》た性質の重要な問題が残っているのである」と述べ、「わかってはいるが止められない」現象を「正当化」とは切り離された「動機づけ」「習慣化」の問題とみなしているからである[32]。さらにまた村井は、「『徳』の教育というのは、『道』を教えられた理性が『これをなすべきである』と命令するとき、『私はそうしたくない』と答える矛盾の可能性から若い人々を救うための教育である[33]」と述べて、「わかっているけどできない（しない）」現象を最終的に知性・認識とは異なるものによって説明しようとするときもある。

こうしてみると村井は、自らの思想的バックボーンであるソクラテス的発想と英国流分析哲学的見解との間で、意を決しかねているようにもみえるのである。

3　ギルバート・ライル

ギルバート・ライル（Gilbert Ryle）は、思考・認識と行為を分断し、その両者を「内観」（introspection）という特殊な内的行為によってのみ覚知されるような「意志作用」（volitions）によって媒介させようとする発想を徹底的に批判した。ライルは、「［知・情・意の］三位一体理論が記述する『意志』に対応するような〈能力〉や非物質的〈器官〉や〈媒介〉が存在するという教説」あるいは「『意志作用』として記述されるものに対応するような何らかの過程や作業が心の中で生起するという教説」(34)の虚妄について、たとえば次のように総括する。

この理論によれば、身体のはたらきとは空間における物質の運動にほかならない。そしてこの運動の原因は、空間における別の物質運動であるか、あるいは人間という特権的な地位にあるものの場合には別の種類の推進力（thrusts）であるか、のいずれかでなければならない。「その理論によれば」その様子は永遠にミステリーであり続けなければならないのだが、空間における物質の運動とは異なるものとしての心的推進力が、筋肉に収縮を引き起こすことができるのである。つまり、人が意図的に引き金を引いたと記述することは、そのような心的推進力が彼の指の筋肉の収縮を引き起こしたと述べることに等しいのだ。かくして、「その理論でいわれる」「意志作用」の言語は、結局、心についての疑似機械論の言語にほかならないのである。(35)

これはまさに、われわれがロケットモデルと呼ぶものに対する単刀直入な批判にほかならない。ライルは、ロケットモデルが近代以前は必ずしも自明なものではなかったことを裏づけるかのように、こうした理論は、心と物、あるいは心身の二元論に立脚したデカルト流の認識論と一体のものであることを指摘する。[36] 要するに、ライルによれば、「意志」なる実体を仮定した上での「意志作用」という発想自体、心と身体を別々の実体とみなした上でアナロジカルに捉える「カテゴリー間違い」から生じた「機械の中の幽霊のドグマの不可避の拡張」[37] 以外の何ものでもないのだ。[38]

では、ライル自身は、知行不一致現象をいったいどのように説明するのであろうか。まずライルによれば、何ごとかを「理解する」ことは、実際は「行う仕方を知る」(knowing how) ことを含んでいる。[39] そこで彼は、「いかにして正しいことを行うかを知っていたり、それを行う能力があったにもかかわらず、その知識や能力を行使しなかった」(失敗を避けられるのに避けなかった) 事例の原因について、端的に次のようにいう。「方法の知識の行使に失敗した」[40] のだと。さて一方、この「行う仕方を知るとは、一つの傾向性［性向］(a disposition) にほかならない」[41]。そしてこの場合、あるものが「傾向性」をもつとは、法則に包摂される仮言命題（の複合体）で表現できるような性格をそれがもつということである。すなわち、「傾向性」をもつとは、「一定の条件が実現されれば、一定の状態になったり一定の変化を受けることが、確実だろうとか、そうなりがちだということである」[42]。こうしてライルは、「意志の弱さ」についても次のように説明する。

意志の強さとは一つの傾向、すなわちそれを行使すれば仕事に執着するようになる、つまり思いとどまったり気が散ったりすることがなくなるような傾向なのである。［したがって］意志の弱さとは、このような傾向が相当に欠けているということにほかならない(43)。

このライルの説明は、意志の弱さをいうなれば方法知の習熟の不十分さ（理解することの未熟さ）として捉えようとするものであり、たしかに大変興味深い。しかしながら、ライルの説明だけでは道徳的理解がどのような意味で方法知を含んでいるのかはわからない。また、知行不一致現象や意志の弱さは、はたしてライルのいう「傾向性」の問題に還元できるのか、という疑問も残るのである(44)。

4　宇佐美　寛

パースやデューイのプラグマティズムあるいはこのライルの思想に影響を受けて「言語主義」や「実念論」への批判を企てる宇佐美寛もまた、知と行為の二元論に対して根本的な疑問を投げかけた。宇佐美は「知っているけどできない」現象について、次のように説明する。

実念論的言語主義者たちは、このような「努力」の概念をことばでおきかえることができる状態をすぐ性急に「知っているけれど行なえない。」などととらえようとする。しかし、彼らは「知る」ということを記号・指示体・解釈性向（行動もここに含まれる）の関係としてとらえようとはしないで、言語によって本質を反映することであるかのようにとらえているので、それ以上は考えようとしないのである。行なえる知りかたと行なえない知りかたとにおいては、「知る」ということ自体の意味がちがうのである。少なくとも「知る^{1}」と「知る^{2}」というように区別すべきものなのである。[45]

もう少し詳しくいえば、「〝If……, then〟という、具体的条件下の行動の結果の予測ができない」場合で、しかも「『イメージ』が欠けた知りかたしかできていない」場合、いいかえれば「言語—経験の重層構造のうちの上方にかたよっていて、下方の経験に対応する部分での認識が貧弱な」場合に、「知っているが、できない」現象——本当は「知らないがゆえにできない」わけだが——が生じるというのである。[46] こうして知と行為の二元論批判は、当然のことながらそのコロラリーとしての諸々の三分法にも向けられることになる。「『知情意』、『知識・態度・技能』などの安易な三分法も当然、問題になる[47]」ということである。

次章以下でその理由が明らかにされるように、知行不一致現象がなぜ生じるのかについての宇佐美のこのような捉え方はまったく正当であると思われる。「言語主義」批判の中で宇佐美は、「概念を知ること」と「言語で知っていること」を区別することによって、「ことばで知る」ことを「知る」ことと同一視する人々（本書でいう〝言語派〟の道徳教育論者）の理論上あるいは教育実践上の問題点を指摘した。たとえば、登場人物の「気持ち」を問う型の「道徳」授業に対する批判である。「Aさんの気持ちを理解する」ということは、Aさんの気持ちを正確にことばで再現できることは本質的に異なる。（次章以下で改めて確認するように）それは本来は、Ａさんが被った行為の帰結と同種のものを自ら経験し、Ａさんがその行為の帰結に対してとった是認／否認の態度と同じ態度を自らもとる、ということにほかならないからである。ところが、多くの「道徳」授業では、状況の事実が欠如したところでその登場人物の気持ちになってみることが子どもたちに要求される。そしてその気持ちをことばで表現できたか否かによって、その気持ちの理解度が評価される。だが実際には、どれほど正確にその人の気持ちを「ことばで表現できた」としても、その気持ちを理解できたことにはならない。それゆえ、状況の事実が欠如したところでだれかの気持ちを問うことは、そもそも行為につながるはずのない皮相な〝理解〟を強いているにすぎない（よって無益である）、とする宇佐美の主張は――「そもそも気持ちを問題にしてはいけない」という彼の主張にまで同意する必要はないとしても――たしかに的を射ている。(48)

しかしながら他方、知行二元論に対する批判が「言語主義」や「実念論」批判のレベルにとどまっている限りでは、ロケットモデルは決定的なダメージを受けず、そのためこのモデルも最終的には克服されないと考えられる。なぜか。

一言でいえば、知と行為の関係についての考察が一般論にとどまっており、道徳知（道徳原理について知ることや道徳的に判断すること）の固有の構造が考慮に入れられていないからである。つまり宇佐美は、「行為の諸々の結果の中でいずれの結果が望ましいか」や「諸結果のそれぞれにどのような重みづけ・価値づけをするか」については相対主義的に捉えて、いわば不問に付している。(49)

そのため、道徳原理について知ることがどのようにしてそれに従って行為することに直結するかについては、「イメジ（イメージ）」論が持ち出されて、「行為の具体的結果が何か」の認識が行為者の経験とつながっていなければならないことが説かれるだけである。すなわち、道徳判断や原理をいわばわが身の切実な経験に関連づけて認識することは行為に結びつきやすいということが示唆されるのみであり、それを価値あるものとして認識することと行為との関係については何も論じられていないのだ。宇佐美の枠組みにはたしかに、経験を媒介とした（行為への）動機と正当化の関係の問題は存在している。けれども、正当化の論理と心理的な動機をどのように関連づけるか（一元化するか）という問題の核心は巧みに回避されているのだ。

　このことは実際にはどのような問題を引き起こすのか、具体例で説明してみよう。たとえば、ある盗人が行為の諸々の結果を自分の経験につなげた形で知り尽くして、つまり自分が被害者だったらどんなに辛いかも切実に実感できた上で、それでも「盗んではいけないとわかっているのだけれども盗んでしまう」ケースや、いじめられることがどんなに辛いか自らの実体験でよくわかっている子どもが、「いじめはいけないとわかっているけどいじめてしまう」ケースである。このようなケースは、宇佐美の「知っているけどできない」現象の分析枠組みでは適切に説明できそうにない。つまり、そのような場合はやはり意志が弱かったのでは?、と切り返されても、まともに反論のしようがない。自分が被害者だった場合どのように苦しむかの実感（イメジ）が実は不十分だったのだ、と言い逃れるのがせいぜいであろう。だが実際には、単に行為の諸結果に対するイメージ不足のせいだけでそうしたケースが起こるわけではない。そこには「どのようにして自分の盗みやいじめを正当化するのか」という問題が関係してくるからである（第3章・IIを参照）。

要するに宇佐美は、知と行為の二元論を道徳知や道徳的理解の固有の構造に即しては批判できていないから、知行二元論や知行不一致現象の原因についての彼の説明がどれほど正しいとしても、それは事態のほんの一端の解明でしかない。そのため、宇佐美自身が批判しようとした知と行為の二元論やここでいうロケットモデルは、つまり〝言語派〟以外のより洗練された心情主義的道徳教育論は、致命傷を負うこともなく生きながらえることになるのである。

5　リチャード・ヘア

道徳語の日常的用法の分析を通じてリチャード・ヘア（Richard M. Hare）は、道徳判断がその論理的特性として「指令性」(prescriptivity) をもっていることを明らかにした。そこでいわれる「指令性」とは、道徳判断が行為を「指令する」「導く」はたらきをもっていることを意味する。したがってその観点からいえば、（道徳語の「中心的な用法」に従うという意味で）「本気で」(sincere-ly) 道徳判断をすれば、道徳判断は行為につながっていく。

これはヘアが恣意的に設定した自己充足的な定義に見えるかもしれないが、ヘアの真意はもちろんそうではない。ヘアによれば、道徳判断が「指令的」であるとは、人が本気で下した道徳判断は、行為の特定の結果に対する選好 (preference) の表明（実際にある結果を別の結果より好んでいること）であり、「選好をもつことは指令を受け入れることである」[50]、という道徳判断の特性を意味している。つまり、「Xをすべき」と道徳判断をすることは、行為Xの結果を選好する（実際に受け入れる）ことによって、「Xをせよ」という指令を受け入れることなのである。だからこそ、道徳判断（本気の道徳判断）をすることは行為を導くことになるのである[51]。

ヘアのいう「指令主義」の以上のような枠組みに従えば、道徳的問題に関して「なすべきだと知っているのにその通りに行為しない」現象、つまり「意志の弱さ」や「アクラシア」は、たとえば次のようなケースとして説明される。

①　〝道徳判断〟を述べたとしても本気では道徳判断を下していない場合（道徳判断の「引用符的用法」）。もう少し具体的にいえば、「私はXをすべきである」という〝道徳判断〟が、「人々が一般に受け入れている基準に従うためにはXは必要である」という社会学的事実を述べているだけであったり、「Xをすべきだという気持ちを私はもっている」という心理学的事実を述べているだけの場合である（あるいは本気の道徳判断であっても、行為の結果に対する選好が弱い場合も含まれよう[52]）。

②　道徳判断を下してはいるが「心理的に」ないし「身体的に」不可能な場合。つまり道徳判断の実現が外的な要因によって妨害されている場合[53]。

③　道徳判断が複数存在しているとき、ある道徳判断が別の道徳判断に「優先されている（over-ridden）」場合[54]（いうなれば前者の道徳判断よりも後者の道徳判断の方が指令性が強い場合）。

いずれにせよ、以上のことを踏まえると、ヘアはロケットモデルによって知行不一致現象を説明しようとする可能性を基本的に拒否している、とみなすことができる。ところが、他方でヘアは、部分的にはこのモデルを擁護しているかのようないい方もする。つまり、「心理的不可能性」によって「意志の弱さ」が生じるとは、ヘアによれば結局、（本気の）道徳判断をしているにもかかわらず自然の傾向性に阻まれて（たとえば「誘惑に抗しきれずに」[55]）「すべきとわかっているけどできない」事態に陥ることなのである。また道徳教育論としても、道徳原理に従おうとする「道徳的感情」の形成の必要が唱えられる。すなわちヘアは道徳教育について、われわれを当惑させるかのように次のように述べる。

> われわれが子どもを、原理に従うように育てる最も効果的なやり方は、おそらく道徳的感情を教え込むことであろう[56]。

> 私が思うに、われわれが子どもを育てる最も安全で最もすぐれたやり方は、できるならば、その子どもの中に一組のすぐれた道徳原理と、加えてそれらに従う感情を植えつけることである。つまりすべての日常的な事例ではその原理を遵守する程度には強いが、神経質なまでに強かったり、その目的にとって必要である以上に強かったりはしない感情を、である[57]。

ここで支持されているのは、道徳原理＋道徳的感情＝行為（原理に従うこと）という、ほとんど戯画的なまでにストレートなロケットモデルであり、さらには道徳的感情の形成を重視する心情主義的道徳教育論である。

だが、いったいなぜ、ヘアはこのように一見矛盾した態度を取ることができるのか。それを解くカギは、彼が道徳的思考を「直観的（intuitive）レベル」と「批判的（critical）レベル」に分けていることの中にある。ヘアによれば、不完全な存在としての人間は、おおかたの場面では、状況の複雑さと格闘しつつ批判的に自己決定するよりは、既存の「一応正しい」（prima facie）道徳原理（直観的な判断）に従った方がよい。批判的思考が必要になるのは、道徳的直観に従うだけでは解決できない「道徳的葛藤」が生じたときなのである。そこでヘアは、直観的レベルにおいては、道徳的感情（傾向性や動機づけ）に支えられながら既存の道徳原理にそのまま従おうとすることに道徳的思考を割り当て、批判的レベルにおいては、道徳語の論理的特性にもとづいて本気の「道徳判断」を下すこと（すなわちヘアのいう「普遍化可能な指令」を探求すること）に道徳的思考を割り当てる(58)。

ここで注目すべきなのは、直観的レベルの思考には本気の「道徳判断」も「道徳語の中心的用法」も期待されていないということである。直観的レベルではどうやら、「引用符的用法」のような〝道徳判断〟であっても、それを道徳的感情でくるませて行為につなげる方が「安全」で「効果的」であり、「全体として成功の見込みが高い(59)」と考えられているのだ。こうして、ヘアの枠組みに従えば、道徳的思考の批判的レベルではロケットモデルからの脱却がめざされるのに対して、直観的レベルでは逆に絵に描いたようなロケットモデルが支持されることになる。

道徳的思考のレベルを二つに分けることは理論的にも実際的にも有意義である。そのような区別を導入したのはたしかにヘアの慧眼だといってよい。しかし、道徳的思考の二つのレベルをここまで截然と分けてしまうと、どうにも厄介な問題が生じてくる。直観的レベルでは、本気の「道徳判断」や「道徳語の中心的用法」は、なぜこれほどまでに無視されなければならないのか、という問題である。いいかえれば、ヘアはこの二つのレベルの思考を使い分けることの意義を主張するが（そしてその意義はわれわれも認めるが）、それぞれの思考がこれほどまでにかけ離れていると、いったい人々は本当にそれを使い分けることができるのだろうか、という疑問でもある。ヘアは、直観的思考しかできない人々を（ジョージ・オーウェルの『一九八四年』に出てくる被支配者たる下層民にちなんで）「プロレ」（prole）と呼び、反対に批判的思考だけで十分やっていける超人間的存在を「大天使」（archangel）と呼ぶ。[60] だが、一人の人間が「プロレ」の側面と「大天使」の側面を併せもつことは、いったいどのようにすれば可能なのだろうか。直観的思考のための道徳教育と批判的思考のための道徳教育の両方が必要だとしても、それぞれの思考の中身がヘアのいうとおりだとすれば、その二種類の道徳教育はいったいどのようにすれば両立しうるのだろうか。ヘアはこれらの問題に答えているわけではない。

それに対して、本書でわれわれが試みるのは、直観的レベルの思考にも本気の「道徳判断」を導入し、そこでもロケットモデルからの脱却をめざすことである。直観的レベルの道徳的思考にも「大天使」の側面が必要であり、いうなれば自律的な他律が可能であるからこそ、そこでもロケットモデルは不要だということである。

6　ローレンス・コールバーグ

カント―ピアジェの伝統に立って道徳判断発達理論（三レベル―六段階説）を提唱したローレンス・コールバーグ（Lawrence Kohlberg）もまた、「段階発達が進むにつれて、道徳判断と道徳的行為との間の一貫性はますます強くなる」[61]という形で、道徳判断と道徳的行為の緊密な関係を主張した。コールバーグらは、道徳判断の行為化に関して、「義務判断」（deontic judgments）としての道徳判断（公正さについての道徳的推論）は「責任判断」（responsibility judgments）を媒介として行為に移行するという理論的仮説のもとに、実証的研究を通じて次のような結論を導き出した。

①　発達段階がより高次になるにつれ、義務判断と責任判断が一貫する傾向は「単調増加する」。

②　最高次の「原理的（脱慣習）レベル」に達していない者であっても、各段階に設けられた「下位段階（substage）A」（規則や権威の他律的選択を志向する段階）と「下位段階B」（自律的選択を志向する段階）の違いに目を向ければ、「下位段階B」の者も、義務判断と責任判断が一貫する傾向は「原理的レベル」の者と同様に強い[62]。

もっとも、これらの結論が正しいとしても、コールバーグがロケットモデルを根底から批判できているかはきわめて疑わしい。その理由はこうである。

まずコールバーグらは、道徳判断と道徳的行為の関係を、次の四つの「機能」や「要素」や「局面」に媒介されるものとして捉える。(i)状況（道徳的問題）の解釈、(ii)道徳的な意志決定としての「義務判断」、(iii)「フォロー・スルー」(follow-through) のはたらきをする「道徳判断」として「責任判断」（あるいは「責務 (obligation) の判断」)、(iv)「フォロー・スルー」のはたらきをする「非道徳的な (nonmoral) 技能」としての「自我統制」(ego controls)[63]。

しかし、「義務判断」について、「義務判断は典型的には規則や原理から導出される。カントの正義の原理すなわち定言的命法や、ミルのいう善の最大化という功利主義者の原理の適用が義務判断の実例といえよう[64]」と述べる一方で、「責任」については、「自らの言語的な道徳的コミットメントや判断の行為化の際に依存すべきものまたはフォロー・スルー[65]」として捉えている。つまりコールバーグらにとって「義務判断は段階の構造や原理からの命題的演繹であるのに対し、責任判断は選択しつつある意志のはたらきなのである[66]」。さらに「自我統制」については、その内容を「ＩＱ（知能）・注意力・喜び (gratification) を先に延ばすこと等」とした上で、「自我統制は、責任や責務という明白に道徳的な判断と一緒になって、哲学者―心理学者が道徳的意志と呼んできたものと心理学的に相似なものを構成する[67]」と述べる。こうしてコールバーグは、以上のことを簡潔に次のように結論づける。

われわれが仮定する（posit）のは、正義判断の段階は道徳的行為にとって必要だが十分な条件ではないということ、つまりそれはさらに責任判断という第二の局面や、「意志」や自我統制に関連した実行（execution）という第三の局面を要求するということである。(68)

このようなわけで、コールバーグもまた、〈義務判断〉＋〈責任判断＋自我統制（意志）〉＝〈行為〉という三分法の図式を堅持していると考えられるのである。

もっとも、コールバーグは、この四つの機能や局面を「認知的なもの」と捉え、責任判断についても「責任とは、まず第一に自らの行為の帰結への関心とその受容を意味している(69)」と述べる。しかもそれら四つの局面は、必ずしも判断が行為に移行する過程での段階を表しているわけではない。(70)これらのことを考慮に入れれば、コールバーグはロケットモデルに与しているとはいえないとする解釈もまた可能である。ここでコールバーグをロケットモデル擁護の系譜ではなくあえて批判の系譜に位置づけたのも、そのような解釈の余地が残されていることを念頭に置いた上で、道徳判断こそが行為の主たる規定要因であるとコールバーグが一貫して主張してきた事実を何よりも重視したからにほかならない。

コールバーグの主張には一つの奇妙な点があった。なぜ下位段階Bの者に限って、原理的レベルに達していなくても原理的レベルの者と同様に判断と行為が一貫する傾向を示すのか、という点である。それに対し、われわれがこれから展開する知と行為の関係についての説明枠組みは、この不思議な現象をかなりうまく説明できると思われる。下位段階Bと原理的レベルの者が共通に行う「自律的選択」は、われわれのいう意味での道徳的理解に達しているからこそ行為に直結する（判断と行為が一貫する）、とする解釈である。これについては後に改めて論じるが（第4章・II・1）、もしその解釈が正しければ、コールバーグの理論をロケットモデル批判の系譜に位置づけることの強力な根拠が得られることになる。同時に、コールバーグのデータはわれわれの理論に一つの実証的な裏づけを与えてくれることにもなろう。

7　イデオロギー批判

ところで、わが国には、道徳教育の心情主義化を政治的イデオロギー（虚偽意識）とみなして批判する系譜が存在している。すなわち心情主義的道徳教育論を、「知育が偏重されている、もっと徳育を！」といったスローガンのもとに批判的知の意義を貶めようとする政治的な策略と見て、それらの主張の背後にあるイデオロギー性を暴露しようとする系譜である。

すでにこれまでたびたび指摘されているとおり、わが国においては、道徳教育の反知性主義化としての心情主義化は、たしかに政治的危機に直面した支配者層が自己の権力の維持と正当化のためにとった戦略の一つであった。「教学聖旨」（一八七九年）における「知育偏重」批判論以降、既存の権力関係を大きく変えかねない社会運動が巻き起こったときや、批判意識の高まりが既存の政治的秩序を大きく揺るがしかねないときなど、時の権力者たちはことあるごとに知育とは切り離された徳育の必要性を説いてきた。つまりそこでは、個々の道徳的問題を各人の心のあり方や気持ちの持ちようの問題に矮小化することによって、その問題の背後にある社会的要因（特に政治的・経済的要因）の分析と変革から人々の目を逸らさせ、結果的に人々を既存の問題を抱えたシステムへ服従するように強いてきたのである。その結果、少なからぬ人々は、道徳的問題と社会的諸要因との複雑な絡み合いを見抜くことができないまま、社会情勢の不安や秩序の混乱の広がりの中で「徳育を重視せよ」の主張に同調し、自らの心のありようをまじめに見つめ直そうとしてきた。

このような事態を考慮に入れると、道徳教育の心情主義化に対するイデオロギー批判は、一見したところ真理にみえるものの背後にある権力性を暴き出すという意味で正当であり、かつ有意義である。それゆえまた、「知育の復権」の名のもとに、既成の秩序や枠組みに対するさまざまな種類の批判を可能にしてくれる知的能力の形成が唱えられるのも、まったく道理に適っているといえよう。

けれども、このイデオロギー批判の系譜はあくまでも道徳教育の心情主義化に対する外在的な批判にすぎない。それらはふつう、その核心部にある知と行為の二元論やロケットモデルへの批判にまで及ぶことがない(71)。言及されることがあっても、ごく一般的なレベルでスローガン的な言辞が弄されるだけである(72)。そのため、知行不一致現象が後を絶たない現実の前では、このイデオロギー批判だけでは道徳教育の心情主義化は依然として克服されないままなのである(73)。

8　これまでのロケットモデル批判の限界

ロケットモデルに対する従来の批判を改めて総括してみよう。これまで検討してきた諸研究はいずれも重要な論点を提出しており、次章以下で展開されるわれわれの主張にも、(逐一言及するとは限らないが) 多かれ少なかれ貴重な示唆や手がかりを与えてくれる。

しかしながら、従来のロケットモデル批判の多くは、依然としてかなり一般的なレベルの批判にとどまっているといわざるをえない。そのためもあって、ロケットモデルに批判的な人々 (ヘア、コールバーグ、村井ら) の中には、判断と行為の乖離を説明するために、両者の媒介項として意志や感情といったものをかなり不用意に再導入しようとする傾向がどこかで拭えない。

あるいは、ある程度具体的な事例に踏み込みながらより内在的な批判を試みている論者 (アリストテレス、ライル、ヘア、宇佐美ら) であっても、まだ重要な点で修正や補足の余地を残していると考えられる (たとえば彼らの枠組みではうまく説明できない事例がまだいろいろとある)。そもそも、それらの諸批判を相互に比較したり関連づけたりするためのロケットモデル批判の枠組みの全体像がまだはっきりとしていない。あくまでも結論の先取りではあるが、従来のロケットモデル批判はいまだそのモデルを十分に克服できているとはいいがたい、ということである。

いずれにせよ、この批判の系譜の中で問われているのは、いずれの場合も「知る」「理解する」等の内実である。大まかに述べると、一定の質をもった認識であれば行為に直結するが、そうでない〝認識〟は行為化のために感情や情動への訴え (動機づけ) を新たに必要とする、といった主張がこの批判の系譜の底流に貫かれているのだ。

とはいえ当然のことながら、自己満足のための議論や一人芝居は許されない。すなわち、「行為につながらない認識は虚偽であり、行為につながる認識こそが本当の認識である」といった定義(反駁不可能な前提)をあらかじめ密かに導入し、そこから議論を開始することによってロケットモデルの〝克服〟を試みるような、稚拙な方法を採ることは許されない。あくまでも知と行為を概念的に別物として位置づけた上で、両者の一元的な関係を明らかにしなければならないのである。そこで次章では、さっそく道徳的知や理解の中身を解明する作業にとりかかることにしよう。

(1) 誤解がないように補足しておくが、判断や認識に背こうとする自然の傾向性(欲望や衝動)が事実として存在しうることは、おそらくどのような立場の人でも否定はできまい。したがって、その事実を認めることにロケットモデルの特徴を見てはならない。ロケットモデルの特徴はあくまでも、判断や認識からの逸脱を、その傾向性に抵抗ないし対決することによって(それゆえその傾向性に対抗する別の情意的な能力を育成することによって)防ごうとする点にこそある。いいかえれば、われわれのようにロケットモデルに反対する人々は、結論を先取りしていえば、判断や認識からの逸脱は、その自然の傾向性に対決することによってではなく、判断や認識の充実・深化によって防げると考える。だからこそ、われわれであっても、判断や認識が不十分な場合に限って、それが自然の傾向性によって自己を欺く場合があることはあえて否定しないのである。

(2) 文部科学省は、「道徳の時間」だけでは飽きたらないのか、さらに「国語」の教材を「生活を明るくし、強く正しく生きる意志を育てるのに役立つこと」とか、「生命を尊重し、他人を思いやる心を育てるのに役立つこと」とか、「自然を愛し、美しいものに感動する心を育てるのに役立つこと」といった観点から選択すべきことを説いている（文部省『小学校学習指導要領』大蔵省印刷局、一九九八年、一七頁。「国語」の「第3　指導計画の作成と各学年にわたる内容の取扱い」の項）。

（3）座禅を通じた道徳教育実践の具体例が、山口和孝『新教育課程と道徳教育――「国際化時代」と日本人のアイデンティティー』（エイデル研究所、一九九三年）、第六章・一、で紹介されている。また梶田叡一は、「意識世界が感情や思いつき、思いこみによって支配されたり、暴走状態になったりしないように訓練する」ために、「静座や黙想、座禅などの時間を持つといった方法」に「期待」を寄せている（梶田叡一『内面性の心理学』大日本図書、一九九一年、一〇四―一〇五頁）。

（4）文部省『小学校学習指導要領解説（道徳編）』大蔵省印刷局、一九九九年、二五―二六頁；同『中学校学習指導要領解説（道徳編）』大蔵省印刷局、一九九九年、二八―二九頁。

（5）文部省『小学校道徳指導書』明治図書、一九五八年、二二―二四頁。

（6）カント（波多野精一・宮本和吉・篠田英雄訳）『実践理性批判』岩波文庫、一九七九年。

（7）シュプランガー（小塚新一郎訳）『現代文化と国民教育』岩波書店、一九三八年、一四三頁（旧漢字は新漢字に改めた）。

（8）同上書、一四五―一四六頁。

（9）Spranger, E.,"Der geborene Erzieher (1958)", in *Gesammelte Schriften*, Band I, Quelle & Meyer, 1969, S. 317. 浜田正秀訳『[改訳]教育者の道』玉川大学出版部、一九五九年、一〇〇―一〇一頁。

（10）ウィルソンのいう「道徳的であるための構成要素」(the moral components) の一つである「KRAT(2)」は、判断（自己決定）と行為を最終的に媒介する性格特性である (Wilson, J., *A New Introduction to Moral Education*, Cassell, 1990, Ch. 8; Wilson, J., *Moral Education and the Curriculum*, Pergamon Press, 1969, Ch. 1, etc.)。

(11) T・W・ムーア（村井実監訳）『教育哲学入門——哲学的分析への手引き』川島書店、一九九〇年、一一九頁。
(12) 小泉仰『道徳教育の哲学』東京堂出版、一九七〇年、一四一頁以下。
(13) Straughan, R., *'I Ought to, but...': A Philosophical Approach to the Problem of Weakness of Will in Education*, NFER-Nelson, 1982.
(14) 「意志の弱さ」と「道徳的弱さ」は、前者が「あらゆる種類の『べき』判断に関して、それに従って行為できないことを一般的に指す」のに対し、後者は道徳的に賞賛されるべき判断を行為できないことのみを指すという点で区別されている（*Ibid.*, pp. 71-75）。だが本書においては、以下「意志の弱さ」に「道徳的弱さ」も含めることにする。
(15) *Ibid.*, p. 92.
(16) *Ibid.*, pp. 76-81, pp. 89-90, pp. 97-100.
(17) *Ibid.*, pp. 98-100.
(18) *Ibid.*, pp. 82-85, p. 89.
(19) *Ibid.*, pp. 94-96, p. 99.
(20) *Ibid.*, pp. 90-91.
(21) *Ibid.*, Ch. 3.
(22) *Ibid.*, pp. 61-62.
(23) アリストテレス（高田三郎訳）『ニコマコス倫理学（下）』岩波文庫、一九七三年、二三―二七頁（一一四六b―一一四七b）。なお、岩田靖夫『アリストテレスの倫理思想』（岩波書店、一九八五年）、第三章・三、も参照した。
(24) アリストテレス『ニコマコス倫理学（下）』四八頁（一一五二a）。

(25) 同上書、四九頁(一一五二a)。
(26) 『村井実著作集四　道徳は教えられるか／道徳教育の論理』小学館、一九八七年、三八頁。
(27) 同上書、三七頁。
(28) 同上書、一四七頁。
(29) 同上書、一四六頁、三八二―三八三頁。
(30) 同上書、一四八頁。
(31) 同上書、一三九―一四〇頁。
(32) 同上書、一三〇―一三一頁。
(33) 同上書、四四頁。
(34) Ryle, G., *The Concept of Mind*, Barnes & Noble, 1960(1949), p. 63. 坂本百大・宮下治子・服部裕幸訳『心の概念』みすず書房、一九八七年、八〇頁（以下では便宜上、訳を部分的に変更した場合もある）。
(35) *Ibid*., pp. 63-64. 邦訳、八二頁。
(36) もっとも、「意志するという隠れた作業の結果として行為が生じる」とする説が近代以前の哲学になかったというわけではない。ストア学派や聖アウグスティヌス以来の哲学者もそうした発想をもっていたからである（*Ibid*., p. 64. 邦訳、八二頁）。
(37) *Ibid*., p. 63. 邦訳、八一頁。
(38) 「意志作用の非―神話化」については、大庭健『自分であるとはどんなことか――完・自己組織システムの倫理学』（勁草書房、一九九七年）、第一章・3以下、も参照のこと。
(39) Ryle, *The Concept of Mind*, Ch. II.
(40) *Ibid*., p. 70. 邦訳、九二頁。
(41) *Ibid*., p. 46. 邦訳、五五頁。

(42) *Ibid.*, p. 43. 邦訳、五〇頁。

(43) *Ibid.*, p. 73. 邦訳、九六頁。

(44) 生田久美子もまた、このようなライル的あるいはパース的な観点に立って、「『情報の獲得』としての『知る』」とは区別された「『傾向性』としての『知る』」が行為と密接に結びついていることを指摘している（生田久美子「『知っていても出来ない』とは何か」『教育哲学研究』第六五号、一九九二年）。

(45) 宇佐美寛『思考・記号・意味』誠信書房、一九六八年、一九六―一九七頁。

(46) 宇佐美寛『思考指導の論理』明治図書、一九七三年、一九九―二〇〇頁。

(47) 宇佐美寛『思考・記号・意味』一九七頁。

(48) 状況の事実が欠如しているところで「気持ちを問う」型の授業の問題点・弊害はこれだけではない。そのとき多くの子どもは、その場の状況の事実と入手可能な情報から――つじつまを合わせるためにしばしば事実のでっちあげも行われるが――必要とされている結論（＝先生が自分たちに暗に要求している答）を先読みし、それに合わせて「気持ち」を〝答えてあげている〟だけである。したがって、このような授業を通じて、道徳とはホンネとは無縁の表面的な取り繕いであり、現実離れして無益なものであり、要するに偽善だ、といった歪められた道徳観もまた子どもたちに植えつけかねないのである。

(49) 「ある道徳原理を知っているとは、次のような層状の論理で考えるということである。すなわち、(1)もし…をするならば、…が結果$_1$する。(2)この結果$_1$が原因で結果$_2$が出てくる（このような原因・結果の連続は、結果$_x$にいたる）。(3)結果$_x$は、基準的な形而上学的価値判断命題（例えば『人間は生きているべきである。』）にもとづいて悪と考えられる。(4)この形而上学的命題の根拠づけは、直観主義的（あるいは超越主義的または自然主義的）に行なわれている」（宇佐美寛『思考・記号・意味』一六七頁）。

(50) Hare, R. M., *Moral Thinking: Its Levels, Method, and Point*, Oxford University Press, 1981, p. 91. 内井惣七・山内友三郎監訳『道徳的に考えること――レベル・方法・要点』勁草書房、一九九四年、一三

六頁（以下では便宜上、訳は必ずしも邦訳書通りではない）。

(51) Hare, *Moral Thinking*, 1.6 も見よ。なお、道徳判断の「指令性」を「選好の表現」として規定する以前のヘアに従えば、道徳判断（価値判断）の論理的特性としての指令性が行為を導くことは、次のように説明される。「ある人が〈私はXをすべき〉という判断を価値判断として用いているか否かのテストは、『その人がその判断に同意するときに、〈Xをせよ〉という命令にも同意しなければならないことを認めているか否か』である」（Hare, *The Language of Morals*, Oxford University Press, 1952, pp. 168-169. 小泉仰・大久保正健訳『道徳の言語』勁草書房、一九八二年、二二三頁）。そして「私たちは自らに向けられた二人称の命令にまじめに同意できないことと、同時に今がそれをする機会であり（物理的に心理的に）それをする力がある場合にそれをしないことは、同語反復である」（*Ibid.*, p. 20. 邦訳、二七頁）。

(52) Hare, *The Language of Morals*, 11.2.

(53) Hare, *Freedom and Reason*, Oxford University Press, 1963, 5.7—5.8. 山内友三郎訳『自由と理性』理想社、一九八二年。

(54) Hare, *Moral Thinking*, 3.7.

(55) *Ibid.*, p. 58. 邦訳、八八頁。

(56) *Ibid.*, p. 197. 邦訳、二九五頁。

(57) *Ibid.*, p. 198. 邦訳、二九六頁。

(58) *Ibid.*, esp., Ch. 2.

(59) *Ibid.*, p. 47. 邦訳、七一頁。

(60) *Ibid.*, 3.1.

(61) Kohlberg, L. and Candee, D., "The Relationship of Moral Judgment to Moral Action," in Kohlberg, L., *Essays on Moral Development, Vol.II: The Psychology of Moral Development*, Harper & Row, 1984,

p. 571.

(62) Kohlberg, L., Levine, C. and Hewer, A., "Moral Stages: A Current Statement and Response to Critics," in Kohlberg, *op. cit.*, pp. 252-263, p. 271. 片瀬一男・高橋征仁訳『道徳性の発達段階――コールバーグ理論をめぐる論争への回答』新曜社、一九九二年、第二章・六〜七節、九二頁。詳しくは、Kohlberg and Candee, *op. cit.* も参照のこと。

(63) Kohlberg and Candee, *op. cit.*, pp. 536 ff.

(64) *Ibid.*, p. 517.

(65) *Ibid.*, p. 519.

(66) *Ibid.*, p. 518.

(67) *Ibid.*, p. 580.

(68) Kohlberg, L., "Preface to *Essays on Moral Development*," in Kohlberg, *op. cit.*, p. xxi.

(69) Kohlberg and Candee, *op. cit.*, p. 519.

(70) *Ibid.*, pp. 536 ff.

(71) このイデオロギー批判の系譜の中には、知と行為の二元論の克服をめざしたものもなかったわけではない。しかしそれはそれ自身に固有の問題を抱えていた。ここで取りあげるのは、イデオロギーと真理（たとえば「科学的法則」としての歴史発展法則）を峻別する類の古典的マルクス主義である。たとえば、認識が実践に移行しないのは、認識と階級意識のあいだに乖離があるからであり、「大衆全体の幸福を促進するようなもの」を認識の質とすることによってはじめて、認識と実践は結びつくといった主張である（川合章『道徳教育の実践構造』明治図書、一九六六年、特に一四四―一四七頁）。そこで採用されているのは、資本家＝支配者階級のイデオロギー（虚偽意識）が道徳の内容であるから、大衆や民衆はその道徳を実践できないのであって、道徳の内容を「科学的法則」に合致させて労働者階級大衆や民衆）にふさわしい普遍的な（正当な）ものに替えてやれば、人々はそれを実践できる、といった論法である。たしかにそこには、行為に結びつかない認識をその質——それはだれの利益に貢献する知か——に照らして問い直すというまっとうな問題意識も控えている。しかしながら、詳論は避けるが、知のポストモダンの洗礼を受けた今日の思想界では、イデオロギーと真理を截然と分ける論法にはもはや説得力がない。一方の階級に真理認識の絶対的な基盤を与えたり、普遍的な〈歴史の発展法則〉を信奉したりする類のマルクス主義が理論的にも実践的にも破綻した今日においては、そもそもそこでいわれる「真理」が何かはっきりしないから、真理の認識こそが実践につながっていくという図式は、実証的にはおろか理論的にも検証しようがない。実際にも、その方が自分の利益につながるといった理由で「イデオロギーとよくわかっていながらそれに従って行動する」〝民衆〟は少なくないのである。

(72) たとえば「態度主義」批判をめぐる議論がそうであった。藤田昌士『道徳教育——その歴史・現状・課題』（エイデル研究所、一九八五年）、第2章・2、を参照のこと。

(73) 近年の教育や道徳教育にある心情主義化は、「臨床知」の発見や復権という動向とも深くかかわっている。この「臨床知」ブームがもつイデオロギー的性格についてはさしあたり、松下良平「排除と再組み込み——教育学における『臨床知』発見の両義性」『近代教育フォーラム』（第一〇号、二〇〇一年）を参照していただきたい。

第2章　道徳原理を理解すること

I　基本的な枠組み

1　道徳原理の性格

これから試みるのは、知ることと行うことの関係を問い、知と行為が深く結びついていることを明らかにすることによって、知行二元論やロケットモデルの誤りを指摘することである。だがその前に、当然のことながら、知るとはどういうことかをまず明らかにしておかなければならない。

知ることにはさまざまなレベルないしは局面がある。「情報を知る」と「知識をもつ」といった区別も可能であろうし、「頭に間借りする」と「心から納得する」といった区別や、（前章で取りあげた宇佐美のように）「概念をもつこと」と「言語をもつこと」といった区別もまた可能であろう。であれば、ここではどのような「知る」を問題にすべきなのか。

知るという作用はつねに知る対象との関わりの中で生じる。知る対象の内容に左右されない〝知る〃（「フィリピンで地震があったことを知る」「小野妹子は男であったことを知る」等々）もあれば、知る対象の内容に深く規定された「知る」（「地震とは何かを知る」「男とはどういう存在であるかを知る」）もあるが、いずれにせよ知ることのはたらきを知る対象から切り離して論じることはできない。そこでここでは、知る対象の固有の性格と緊密に結びついた「知る」を、特に理解と呼ぶことにしたい。本章では、理解の対象となる道徳的規範として、対人間関係における行為を具体的に規定した規則としての道徳原理[1]──「嘘をつくのはよくない」「約束は守るべきだ」「いじめをするな」等々──を取りあげ、この「道徳原理を理解すること」の構造を解明してみよう。

道徳原理の理解を論じる際にまず最初に明らかにしておかなければならないのは、道徳原理のもつ固有の性格である。ここでは道徳原理の存在的根拠、およびその強制力・当為力の起源と機能は何かという観点から、簡単にではあるがまとめておきたい。

行為の指針としての道徳原理が一切存在していない状況を想定してみよう。そこでは人は、その状況でその行為がもたらすであろう結果を予測し、その結果を大切なもの・意義あるもの・望ましいもの等々とみなして自ら選好する（他の結果よりも好む）ならば[2]、その行為を実際に行うし、反対にその結果をつまらないもの・避けるべきもの・嫌悪すべきもの等々とみなして選好しないならば、実際にもそれをしない。

だが、それと同様の事態があちこちでくりかえされると、つまり多様な人々がさまざまな状況で同様の行為をくりかえし、同様の行為結果を選好するようになると、どうなるか。それぞれの（いまだ名づけようのない）行為がある特定の行為（一般化された行為）として同定されるようになり、同時に個々の状況の細かな違いも無視できるようになって、関係するすべての人に妥当するものとしての道徳原理が成立するようになる。このように道徳原理とは、その存在的根拠という視点からみれば、一般的状況において、ある一般化された行為を行うことがもたらす結果（一般的な帰結）をどのように価値づけるかについての共同体内部での相互主観的な一致の産物にほかならない。それゆえ、この相互主観的一致という暗黙裡の合意・約定こそが、「従うべきもの」として人々に迫ってくる、道徳原理のその命令的・強制的・当為的な力の源泉になるのである。

ところが、道徳原理の当為性を背後で支えている間主観的な一致がきわめて強固なものとなり、さらにはその維持・再生産を奨励するものとしての外的あるいは内的なサンクション（制裁・報奨／良心・罪意識など）も強力になると、道徳原理の強制力・命令的な力は、それにまさしく無条件に従わなければならないと人々が錯覚するほどに絶大なものになる。その結果、道徳原理が上記のような存在的根拠をもっていることが当事者の意識から消え去ってしまう。道徳原理が具体的な生活世界の内部における対人間的・対自然的な相互関係・相互作用を通じて生成してきた事実が見失われて、自己完結的で究極的な〈実在〉や〈理念〉を映し出したもの（それゆえもはや正しさを疑えないもの）であるかのようにみなされてしまうのだ。いうなれば道徳原理の「物象化的錯認」(3)の発生である。こうして、道徳原理が超時空間的で絶対的な何ものかによって基礎づけられたものとしてみなされるようになると、最終的に人間の世界と道徳の世界が切り離されるようになる。いうなれば感性と理性、人間的・世俗的世界と神の世界といった対立や、存在と当為、事実と価値といった二元論的な見方の成立である。道徳は人間のためにあるのではなく、逆に人間が道徳のためにあるという倒錯した見方が生じるのである。

かくして、物象化的錯認に陥らないようにするためには、道徳原理の命令的・強制的な力がどれほど強力であろうとも、次のことだけは銘記しておかなくてはならない。

①　道徳原理は言語的生活を営むわれわれ人間の生活世界の中で生成したものであり、それ以外のどこにも基盤をもたないということ。

②　道徳原理の強制力には、それに従って行為することを必然的なものにする力までは含まれていないこと。つまり、道徳原理に従うことの結果にこれまでとは異なる価値づけをすることによって、道徳原理の強制力・命令する力に抗うことができる程度の「意志の自由」を人間はもちあわせているということ。

特に②に関して補足しておけば、このような意味の「意志の自由」を認めることから直接に「意志の弱さ」の論理的可能性を導き出す論者は少なくないが（たとえばストローン）[4]、本書の結論を先取りしていえば、この両者の間には実際は何の因果的関係もないのである。

2　行為の概念を理解すること

では、道徳原理を理解するとはどういうことか。その前に、道徳原理が基本的に二つの部分から成り立っていることをまず確認しておこう。話をわかりやすくするために、「約束は守るべきだ」「嘘をつくのはよくない」という道徳原理を英文に訳してみよう。

You ought to keep your promise.
(b)　(a)

It's not good to tell a lie.
(b)　(a)

ここからは、道徳原理が、(a) 一般化された行為概念（「約束を守ること」「嘘をつくこと」）と、(b) その命令や指令（「すべき」「よくない」）、という二つの部分から構成されていることがわかる。(5) そこでこれを踏まえて、以下でも道徳原理を理解することを二つの部分に分けて論じることにしよう。まず最初は、一般的な行為概念を理解することについてである。

たとえば「嘘をつく」という行為について理解しているといえるためには、ある特定の振る舞いを「嘘をつく」行為として判定できるだけではまったく不十分である。ジャン・ピアジェ（Jean Piaget）が明らかにしたように、嘘を「悪い言葉」や「行為の結果が事実と食い違っていること」として理解している（発達の未熟な段階にいる）子どもなら、ある発言を正しく「嘘をつくこと」として指摘できても、同時に、嘘とはいえない別の発言（「間抜け！」「牛ほどもある犬を見た」）をも嘘とみなしかねないからである。(6) つまりその子どもたちの場合、嘘という行為を理解するためのコードがあまりにも単純すぎて正しくないために、「嘘をつく」という行為の判定が偶然にしかできないのである。

「嘘をつく」行為について理解するためには、その概念に包摂されうるあらゆる個々の行為について「嘘をつく」行為として判定できなければならない。そのためには、きわめて多様で広い範囲の個々の行為を当該の行為概念（一般的な行為概念）の特殊な事例として判定してくれる基準をもっていることが必要になる。そのような基準はふつう、高度に抽象的な規則の体系として存在している。ためしに「約束する」という行為概念を取りあげてみよう。ジョン・サール（John R. Searle）の分析に従えば、約束するという行為（誠実な約束）の意味は、以下のような多岐にわたる諸条件の複合体から成り立っている。(7) 話し手Sが聞き手Hと文Tにおいてpという約束を交わす場合を想定してみよう。

1　正常な出力と入力の条件が成立している（たとえば、話し手と聞き手の両者が当該言語を使いこなせること、両者が自分たちの行っていることを自覚していること、劇中で役を演じているのでも冗談を言い合っているのでもないということ、等々）。

2　SはTという発言において命題pを表現する。

3　pと表現することによって、Sは、S自身について将来の行為Aを述定している。

4　Hは、SがAをしないよりはする方を好むであろうし、またSは、HがSがAをしないよりはする方を好むと思っている（約束と威嚇や警告を区別する基準）。

5　事態の通常の推移において、SがAをするということは、SにとってもHにとっても自明のことではない。
6　SはAを行うことを意図している（誠実な約束と不誠実な約束を区別する基準）。
7　Sは、Tという発言によって自分がAを行うという義務を負うことになるということを意図している（約束の本質的条件）。
8　Sは、Tという発言によってSがAを行う義務を負うことになるという知（K）をHの中に生じさせることを意図し、さらにi－1の承認が、Tの意味をHが知っていることのおかげで（によって）なされることを意図している（i－1）。Sはi－1の承認によってKを生じさせることを意図している。
9　SおよびHによって使用されている通語（dialect）の意味論的規則は、「条件1～8が成立するとき、かつそのときに限って、Tは正しくかつ誠実に発せられる」という規則である。

まともに理解しようとすると頭が痛くなってくるような複雑きわまりない条件である。だが驚くべきことに、行為概念を理解している人は、このように高度に抽象的な規則の体系――しかもそれらは行為によって異なる――を習得し、実際にその規則をはたらかせているのである。(8)

高度に抽象的な規則の体系としての行為概念という見方に関しては、大庭健の指摘も興味深い。大庭によれば、個々の行為は、相対的に独立しているが相互に引照し規定しあっている次のような

（それぞれ単純に公理化できない）「規則複合体（コード）」に照らしてはじめて理解（同定・成立）可能である。すなわち、「共通の世界内の存在」を可能にするための「①外界を分節化する規則」、およびある振る舞いをある「行為」として理解するための「②『として』に関わる意味論的規則」（たとえば状況Sでの振舞Bを行為Aとして分節化するための意味論的規則）、「③行為とその可能な結果に関する経験的な規則性、④結果の良し悪しに関する規範的な規則、⑤行為連関全体の機能に関する了解の規則」、である。(9)

いずれにせよ、行為の理解のためには、あえて定式化しようとすれば想像を絶するほど複雑な命題群から成る規則を習得することが必要である。だとすれば、行為の理解のためには、ピアジェの指摘に俟つまでもなく、きわめて高度の知的能力を必要とするといわなければならない。

3　行為の禁止や推奨について理解すること

次に行為の命令や指令の理解について。行為の命令や指令のうち、否定的なもの（「するな」「すべきではない」等）を本書では禁止ということばで代表させ、肯定的なもの（「すべき」「することはよい」等）を推奨ということばで代表させることにしよう。そのうえでここでは、知行不一致現象の解明という目下の課題に照らして対象をながめる角度を変え、行為の命令や指令の理解を行為の禁止や推奨の理解に置き換えて議論を進めていきたい。

行為の禁止や推奨について理解するとは、それが単に禁止されたり推奨されている事実を理解することではなく、それを行うべきであるとか、行うべきでないと判断されているその価値判断を理解することである。

一方、先ほど示唆したように、行為について価値判断（道徳判断）するとは、元々は、判断主体自身がその行為のもたらす結果に対して、質的なことば（すばらしい・望ましい／ひどい・つまらない等々）で価値づけすることである。それゆえ、その行為の結果を行為の理由と呼ぶならば――実際にも人は「なぜいじめはいけないの？」と尋ねられれば、「いじめられる人が苦しむから・辛い思いをするから」等々と行為の結果となる具体的事実をあげる――、道徳判断をするとは、その行為に対して、何らかの理由をもちながら自己の是認や否認の態度を表出・表現することだといってよい。

そうであれば、道徳判断について理解するとは、その道徳判断の理由（行為の結果）について認識すると同時に、その理由＝行為の結果に対する（判断する側の）否認ないし是認の態度を（理解する側が）共有することを意味する。かくして、道徳原理における行為の禁止や推奨について理解するとは、禁止や推奨の理由（行為の一般的な結果）について認識すると同時に、その行為結果が否認されたり是認されることに自らも同意することにほかならない。

いずれにせよ、行為の禁止や推奨を理解していることを、その理由を記述している命題（ことば）を再現できることや、その理由で言及されている事態（もの・こと）を指示できることによって定義しようとする試みは、道徳原理を理解することの意味を本質的な点で捉えそこなっている。

ある行為が禁止されたり推奨される理由を問われて、その行為の一般的結果がどのようなものであるかをことばでどれほど具体的かつ詳細に表現できたとしても、ただそれだけでは、なぜその行為を行うべき／べきでないかについて本当に理解していることにはならない。そのような理解には、理解しようとしている事態に対する、理解主体の主体的なかかわりが欠如しているからである。

理解ということばをこのような深さや厚みをもったものとして用いることは、けっして理解という語の意味の不自然な拡張ではない[10]。少なくとも事実としても、日常われわれが「ある行為を行うべきである／べきでない」ことを本当に理解したというときには、その行為をなぜ行うべき／べきでないかについて単に理由（行為の結果）を指摘できるだけでなく、その理由を自らも受け入れたり拒否したりしている。一例を用いて説明すると、ある人がたとえばいじめの引き起こす結果について具体的に知り、「いじめは人を辛い目にあわせるからいけない」といいつつも、その辛さ・苦しさについて無知なために、いじめられるのは嫌だという思いに共感できていなければ、その人は少なくとも当の被害者からは「あんたはまったく何もわかっちゃいない！」と罵倒されるのがオチなのである。だとすれば、むしろ理解という語のもっと〝浅い〟用法こそが、たとえどれほど日常生活で多く使われようとも、その語の不自然な切り詰めだといえよう（理解の深い用法については本章III節および第5章III節も参照のこと）。

ともかく、以上の説明を踏まえれば、道徳原理における行為の禁止や推奨について理解することの意味は、さしあたり次のように定式化することができる。

①禁止されたり推奨されている（一般化された）行為が一般的にもたらす結果について具体的に知り、②(a)［禁止の場合には］その行為の結果を価値のないものとして自ら否認することであり、(b)［推奨の場合には］その行為の結果を価値あるものとして自ら是認することである。

行為の禁止・推奨を理解することに伴うこの二つの側面（行為の一般的結果の認識／その結果への主体的なかかわり）については、それぞれもう少し補足すべきことがある。

① 行為の結果の認識　行為のもたらす一般的諸結果や諸帰結とは、その行為が関係者に対して及ぼす物理的あるいは心理的な影響の内の一般化された部分を指す。なるほど行為のもたらす結果は、厳密にいえばその時間的・空間的な広がりにおいて限りがない。だが、状況に特殊な（例外的な）結果を度外視し、多様な状況に共通してみられる結果の部分に着目すると、行為結果の相対的に安定した部分を見いだすことが可能になる。つまり、行為の結果を因果関係の時間的・空間的広がりの一定の枠内に収めることができるようになる。だからこそそれらは予測可能であり、認識可能なのである。ただし、注意しなければならないが、それらは必ずしも手近で見えやすいものであるとは限らない。それゆえ、行為の結果を正しく認識するためには、行為の副次的な帰結や、常識的な見方では見えにくい隠された帰結も含めて、空間的に広範囲に、時間的により先の未来まで見通しながら、かつ正確に予測することが欠かせないのである。

② 行為結果への主体的なかかわり　行為の結果を是認するとき人はそれを選好するが、否認するときには選好しない。選好したり選好しなかったりすることに伴っているのが、是認・否認とい

う（質的な）価値づけなのである。このことを踏まえていえば、行為結果に主体的にかかわるとは、その行為結果を自ら実際に選好したり／しなかったりすることを意味している。さてそうすると、行為結果への主体的なかかわりは、次のような二つの過程に分けることができる（ただし概念的な区別であり実際には分離不可能な場合が多い）。(i)行為の結果を実感をもって受けとめたり身にしみて感じとり、(ii)その上でその結果に対し是認や否認の価値づけをする、という過程である。[11] 道徳原理における行為の禁止や推奨について理解するためには、その原理を支持している人々と同様にその行為結果を感じたり味わうと同時に、その結果に対して彼らと同じように自らも価値づけすること（それを実際に選好したり／しなかったりすること）が不可欠なのである。

　さて、これまでの説明を踏まえると、道徳原理を理解することについての一部の論者の通念が必ずしも正しくないことが判明する。それらの論者がいうには、道徳原理を理解するとは、論理的に先行するより基本的な道徳原理を発見・探求していくことにほかならない。つまりそこでは、「実践三段論法」（アリストテレス）に類するものに従って、大原則（基本的道徳原理）と小原則（状況についての事実）から個々の道徳原理は導出されるとみなされる。よって、その導出過程をより上位の原理へとさかのぼり、より基本的な道徳原理——たとえば古典的功利主義者にとっては最も基本的な道徳原理は「善とは快である」という原理や「最大多数の最大幸福」の原理であろう——を見つけだすこと、これがそこでは道徳原理を理解することなのである（第5章・I・3を参照）。

しかしながら、これまでのわれわれの議論を省みれば、各々の道徳原理はそれぞれ自身の固有の論理（固有の行為概念／行為の禁止や推奨の固有の理由／個々の理由に対する固有の価値づけ）に則ってはじめて理解可能になる。道徳原理はそれぞれに固有の論理をもっているので、その理解を別のより一般的な道徳原理の理解に置き換える（還元する）ことは不可能であり、それぞれ独自のやり方でしか理解できないのだ。[12]「理解すること」がもつこのような独自性を見失い、ある対象の理解を論理的に上位にある別の対象の理解に置き換え、最終的にはある特殊な〈理解〉（直接的な知・直観知など）に還元しようとする試みは、むしろ物象化的錯認の産物にすぎないのである。

II—行為の結果に対する価値づけ

1　選好のモード

道徳原理を理解することの全体的な枠組みについては前節で一通り明らかにした。しかしながら、知行不一致現象の解明という課題に照らすとき、最後にふれた「行為の結果に対する価値づけ」に関しては、いまだ語るべき多くのことが残されている。そこでこの節では、その点についてさらに踏み込んだ説明を試みてみたい。

すでに確認したように、行為の結果を選好する／選好しないということは、その人がその結果を次のように質的に価値づけたということを意味する。すなわち選好する場合は、その結果を大切に保持すべきもの・重要なもの・すばらしいもの・ありがたいもの・よろこばしいもの・ワクワクするもの等々として是認し、反対に選好しない場合は、嫌悪すべきもの・避けるべきもの・つまらないもの・腹立たしいもの・許せないもの・ばかばかしいもの等々として否認したということである。

ところが、ある結果に対しそれをどのように価値づけするかはまさに人それぞれである。同一の結果を、ある人は価値あるものとみなしてそれを選好するかもしれないが、別の人は価値のないものとみなして選好しないかもしれない。このような事態が生じるのも、選好が歴史的・社会的に刻印づけられた諸々の存在的諸条件（政治的・経済的・物質的等々の諸条件）に制約されながら形成されてきたからにほかならない(13)。したがって、価値づけが異なりうるのは、なにも個人の間だけではない。実際にも、人間の好みや価値づけが時代や社会によってどれほど異なっているか（なぜ異なっているか）については、人類学や歴史学がこれまでさまざまな角度から明らかにしてきた。

さて、選好はこのような意味で中立的ではありえず、いわば明白に「理論負荷的な」ものなのだが、ここでわれわれが注目するのは、選好の背後には一定の社会的パースペクティヴあるいは〝道徳哲学的〟観点が存在していることについてである。

人が（大抵は無意識のうちに）どのような社会的パースペクティヴや〝道徳哲学的〟観点を採っているかによって、その人の選好のあり方、すなわち（質的な）価値づけの仕方は大きく異なってくる。ここでは、選好の背後にあって選好のあり方を規定しているそのような社会的パースペクティヴや〝道徳哲学的〟観点を、「選好のモード」と総称することにしよう。この選好のモードにはさまざまな種類のものがあると考えられるが、[14] ここでは、(i)行為の影響が及ぶ関係者をどれほどの社会的広がりの中に位置づけているか、(ii)行為の結果を目的論的に（つまりそれが利益や幸福につながるか否かという点から）価値づけるか、それとも義務論的に（つまり所与の規範・規準に合致するか否かという点から）価値づけるか、という二つの観点を組み合わせることによって、いくつか例をあげてみよう。ある行為の結果を選好するのは、その結果がたとえば以下のようなものだから（つまりそのようなものとして肯定的に価値づけられるから）である。

(a)　自分自身の利益や幸福になる
(b)　自分自身が妥当だと決めた掟に合致する
(c)　自分と特別な関係にある特定の個人（親、兄弟、子ども、恋人、友人、等々）の利益や幸福になる
(d)　自分と特別な関係にある特定の個人との間で意図的にとりきめたルール・役割や、暗黙のうちに了解し合っている約束事などに合致する
(e)　自分の所属する集団（家族、仲間集団、学級、学校、会社、政党、宗教団体、地域社会、市町村、県、国家等々）全体の利益や幸福になる
(f)　自分の所属する集団の中で意図的にとりきめたルール・役割や、暗黙のうちに支持されている慣習や気風（日本社会であればたとえば、長いものには巻かれよ、バスに乗り遅れるな、波風を立てるな、目上の人を立てよ、等々）に合致する

(g)　自分が信仰・信奉している個人（英雄・聖人等）や集団（宗教団体・政党等）の教えに適う
(h)　社会全体の最大多数の最大幸福（利益や幸福の最大化）に貢献する
(i)　人類全体に妥当するとされる普遍的な倫理的原理や科学的法則（自然法的概念としての人権、共産主義化や自由主義化等の歴史の普遍的な発展法則、市場原理等の経済法則、利己的遺伝子や適者生存等の生物学的法則、心理学的な発達の法則、等々）に合致する
(j)　（その行為によって不利益を被る者の立場を含めた）すべての関係者の立場から受け入れることができる

ところで、コールバーグは、上記の選好のモードの一部（に類似したもの）を「道徳的推論のモード（構造）」と呼び、それらを発達の「段階」をなすものとみなした。つまりそれらを道徳的適切さの順に並べ替え、そこに「不変の順序性」を見るとともに、低次の段階から高次の段階への発達が心理学的には道徳的推論の構造の「階層的な統合」の過程であると考えた(15)。しかしながら、選好をめぐるこれまでの議論をふりかえると、コールバーグのそのような理論的枠組みはかなり疑わしいものに思えてくる。というのも、いわば論理的に区分された上記の諸々の選好モードが、コールバーグの発達段階論においては一つのステージに割り当てられたり（たとえば「段階六」には(i)の一部と(j)が同時に含まれる）、さらには上記の(i)や(ii)のような〝道徳哲学的〟観点からの考慮とサンクションの観点からの考慮が整合的に関係づけられていなかったりする（たとえば「段階一」のみが「罰と服従の段階」であるとされる）からである。コールバーグは自らの発達理論を経験的

に帰納されたものではなく「合理的に再構成されたもの」[16]として位置づけているが、そうであればなおさら彼の段階論（段階の区別や関連についての理論）に対する疑念は拭いがたい。いずれにせよ、上記の選好の諸モードは、コールバーグの主張とは異なる筋道で発達する可能性もあるし、ひょっとしたらそれぞれただ単に並存しているだけかもしれないことを、ここでは認めておく必要があろう。

けれども、コールバーグの発達理論のもう一つの仮説、すなわち道徳的推論のモードが「構造的な斉一性」（諸反応に対する一貫性）をもっているという仮説は、今のわれわれの議論にとって大いに興味深い。もしそれが正しければ、同様に上記の選好の諸モードも構造的に安定しているということぐらいはいえるだろうからだ。すなわち、人は自分の気に入った選好のモードをそれぞれの場面ごとに自由に選択できるのではなく、それぞれの人にとって最もなじみのある選好のモードはさまざまな場面である程度一貫して用いられる、ということである。

さて、以上のことを踏まえると、道徳原理の理解と選好モードの関係について、ここで重要な結論を導き出すことができる。まず第一に、ある道徳原理を理解しようとするとき、その原理を支持している人々の選好モードと異なる選好モードをもっている限り、その人はその道徳原理を理解することが原理上困難になるということである。その人はそのままでは、その道徳原理を支持している人々がなぜその原理に従うことの結果を価値あるものとみなしているかを、いわば納得する（心からわかる）ことができないからである。第二に、選好のモードがこれほどまでに多様であるとすれば、そうした理解不可能状態は頻繁に起こりうるし、第三に、選好のモードが相対的に安定していて、簡単には変更不可能であるとすれば、そうした理解不可能状態はそう簡単に解消できるものではないということである。

2　正当な道徳原理

これまでの議論に従えば、道徳原理を理解するとは、理解する主体がその原理に従うことの結果を価値あるものとして受け入れることであった。だがここでは、さらに次の事実にも目を向ける必要がある。すなわち、そこで（行為の結果に対して）「価値ある」と評価されるとき、それはあくまでも主観的に「価値ある」とされたにすぎず、客観的には必ずしも「価値ある」とは限らないということである。

この「主観的に価値ある」と「客観的に価値ある」の区別は、道徳教育という観点からみると、きわめて重要である。そのわけはこうだ。今ここに互いに両立しえない道徳原理^1（たとえば「気に入らないやつは蹴落とせ」）と道徳原理^2（たとえば「いじめをするな」）があり、ある人が原理^{1}を理解しているが原理^{2}は理解できていないとしよう。しかも、原理^{1}と原理^{2}のいずれが客観的に価値あるかを決することには何の根拠もないと仮定しよう。するとその場合、その人が原理^{1}のみを理解し原理^{2}を理解していない状態は、客観的な立場にいる第三者からみると、道徳的によいともよくないともいえない状態、その意味で「問題が存在していない（どうでもよい）」状態である。もちろん現実には、原理^{1}を支持している人々はその状態を当然のこととみなすであろうし、反対に原理^{2}の方を支持している人々はそれをゆゆしき事態だとして憤慨するであろう。しかしこの場合、それぞれの主張のいずれが正当かを客観的に判定することは原理上不可能なわけだから、そのいずれかの主張に軍配を上げなければならない理由はどこにもない。こうして、仮に「客観的に価値ある」という表現が無意味だとすると、当事者意識（「私にはそう思える」という意識のレベル）から抜け出せない人は別として、そこから抜け出し客観的な（第三者的な）立場に立つことのできる人にとっては、道徳的問題は存在しないことになる。その結果は自ずから明らかだろう。道徳的問題はそもそも存在しないのだから、道徳教育も結局は必要ない（むしろ道徳教育は根拠のないことの押しつけであり間違っている）ということになってしまう。当然、知行不一致現象の解明や克服なる課題も、たしかにその課題自体は存在しうるとはいえ、まったくどうでもいい・つまらない問題になってしまうのだ。

　しかしながら、実際の生活で一貫してこのような状態（当事者意識を超えた価値はないとする状態）に甘んじることができる人は、はたして存在しうるのだろうか。たしかに、前衛的な理論家はこのような意味の真正の道徳的相対主義を唱えるときがある。二〇世紀前半のいわゆる情緒主義倫理学の先鋭的な主導者は「道徳判断は話者の感情の無意味な表出にすぎない」と主張したし、二〇世紀末のポストモダン思想にかぶれた論者の中には「多様な価値に優劣をつけるなんて文化的帝国主義以外の何ものでもない！」と憤る者もいるであろう。また一般の人々であっても、価値（欲望や好み）が多様化する一方であったり、絶対的な価値基準がすっかり信用されなくなった現実を目の前にして、「真理とか正義とかうそくさいよね。人は人。自分は自分。いろんなことがなきゃ人生はおもしろくないね！」などと考えている人は、今日かなり多いと思われる。会社で過酷な生き残り競争を強いられているサラリーマンなら、深夜疲れ切った体で「いじめ」のニュースをボーッとながめながら、「いじめはよくないというけど、世の中はいじめてでも人を蹴落とさなきゃ生きていけないいんだよな」とつぶやくかもしれない。でもその人であっても、実際に自分自身や自分の子どもがひどいいじめを受けた場合、「いじめは許せないという思いは当事者の恣意的な気持ちの表明にすぎないのだから、第三者の立場からは是非を問えない」という見解に同意できるだろうか。その見解に一貫して同意しつづけられるとは到底思えない。泣き寝入りはあるかもしれない。でも「泣き寝入り」ということば自体が、その見解に本当は（外部からの不当な圧力がなければ）同意したくないという気持ちを明白に表明しているのである。

ちなみに本書では、道徳原理を、究極的なものによって基礎づける代わりに、徹底して生活世界の内部に位置づけ、人間的行動と解釈の重層的構造に関連づけてきた。荒っぽい議論をする人は、このような認識論的・存在論的立場を道徳の相対主義と呼んで、今述べてきたような意味の（つまり「主観的な価値」しか認めない）真正の道徳的相対主義と一緒くたにすることがある。けれども、この両者を混同してはならない。前者の認識論的・存在論的立場から後者の真正の相対主義を導き出すためには、（詳細は割愛するが）数々の理論的問題に決着をつけておくことが必要だからである。

ともあれ、真正の道徳的相対主義を一貫して実行するのは無理なことをわかっている多くの人々は、何らかの形で「客観的に価値ある」という表現に実質的な内容を吹き込もうとする（そしてそれを理論的に正当化しようとする）。つまりさまざまな論者が、先に例示したような選好の諸モードのうち、ある特定のモードに従って選好された結果（それをもたらす原理）のみが客観的に価値があると主張する。たとえば、自分の所属する社会全体（国家等）の利益を増進しようとする選好モードや、普遍的な原理や法則に従おうとする選好モードに従うときに限って、その道徳原理は客観的にも価値がある、と主張するのである。

本書においてわれわれが真正の道徳的相対主義に与せず、それゆえ知行不一致現象の解明をトリヴィアルな問題とはみなさないとき、われわれもまた、客観的に価値ある道徳原理――以下ではもっと端的に正当な道徳原理と呼ぶことにする――と正当とはいえない道徳原理の区別を導入できると考えている。だがこれから議論されることに照らしていえば、正当な道徳原理や正当とはいえない道徳原理の区別が可能であることを示唆するだけでさしあたり十分であり、両者の区別の規準が具体的に何であるかとか、それはどのようにして正当化されるのか、といった問題に踏み込まなくても特に支障をきたすことはない。けれども、のちに何が正当な道徳原理かについてある程度言及するので、その折りの議論に唐突な印象を与えないためにも、ここで行為結果の価値づけの局面のみに焦点を当てて、まさに結論のみであるが、道徳原理の正当性の規準とわれわれが考えるものを提示しておきたい。

①　行為の結果を価値づける際に用いられる選好のモードについて。普遍的道徳の構築を積極的に試みたものとしての近代倫理学の最良の遺産を引き継げば――もちろんそれらに対するポストモダン倫理学（フェミニズム倫理学やポストモダニズム）からの批判を重々承知の上でいうのだが――、先の(j)の選好モードに従って行為結果が価値づけられた道徳原理は正当なものであるということができる。[17] そこでここでは、この(j)のモード、すなわち行為の結果の選好に際し、「その結果は（その行為によって不利益を被る者の立場を含めた）すべての関係者の立場から受け入れることができるかどうか」と問い、受け入れられなければ価値あるものとはみなさないその選好モードを、ここでは選好の正当なモードと呼んでおこう。もっとも、誤解を招かぬようつけ加えておけば、この(j)のモードに従うことが同時に(f)や(g)や(i)などのモードに従うことになる場合も、偶然ではあるがないわけではない。

②　選好は一定の歴史的・社会的条件のもとで形成されてきたものであるから、その形成過程には見えるにせよ見えないにせよ、支配や抑圧のはたらきをする権力が入り込んでいる可能性がある。その場合、選好がたとえ選好の正当なモードに従っていようとも、選好それ自身が支配的権力に侵蝕されているならば、その選好によって価値づけられた道徳原理はもはや正当なものとはみなしがたい。だとすれば、道徳原理が正当であるためには、選好の正当なモードといういわば形式的な条件だけでなく、「選好それ自身が〈支配的権力に侵蝕されているとはいえない選好〉でなければな

らない」という実質的な条件をも加える必要がある。いずれにせよ、道徳原理を支えている選好の強さも、その選好がどれほど多くの人々に共有されているかも、道徳原理の正当性と基本的には関係がないことは銘記しておく必要があろう。

こうしてここで、正当な道徳原理を理解することと選好の関係についても、次のような重要な結論を導き出すことができる。まず第一は、正当な道徳原理を理解するためには、理解する側も選好の正当なモードをもつ必要があること。第二に、正当な道徳原理を理解するためには、理解する側も〈支配的権力に侵されているとはいえない選好〉をもつことが必要なこと。いいかえれば、これらの条件を満たしていない選好の持ち主は、正当な道徳原理で禁止（推奨）されている行為について、それが許されるべきではない（大切である）と価値づけされていることを、どうしても――むしろ自分の心に素直に向き合えば向き合うほど――理解できないのである。

III　深い理解

1　理解の深層構造

これまでの考察を通じて明らかになったのは、道徳原理を理解することは一定の手続きを踏めば可能になるような形式的な過程ではない、ということである。道徳原理の固有の性格を反映して、行為概念の理解という点に関しても、行為の禁止や推奨の理解という点に関しても、道徳原理を理解することはまさに想像を絶するほどの深さをもったはたらきであった。すでに示唆したように（I・3）、理解をこのように深さや厚みをもったものとして捉えることは、けっして理解という語の意味の恣意的な拡張ではない。われわれとしてはむしろ、ここで明らかにしたような道徳原理の深い理解こそが、人為的に捏造されているとはいえないという意味で本来的な理解である、と考えている。

だが、道徳原理の理解がこのような深さをもっているのは、実をいえば理解する対象が道徳原理だからではない。むしろ理解一般がそのような深さをもっているからこそ、道徳原理の理解も同様に深さをもっているのだ。そこでここでは、理解の対象たる道徳原理のもつ固有の性格から一旦離れて、むしろ理解そのものの方に目を転じてみよう。理解一般がある種の深さや厚みをもっていることを指摘することによって、これまで述べてきたような道徳原理の理解がけっして特異なものではないことを間接的に裏づけてみたい。そうすることによってまた、道徳原理を理解することについて、これまでとはいくぶん違った角度からも光が当てられることになるはずだからである。

理解一般ももちろん、理解する対象から切り離して論じることはできない。理解対象となる知は、さまざまな意味連関や意味空間の内部において人間による探究の成果として誕生し、発展ないしは消滅する。それゆえ、言語・記号によって定式化されたものとしての知の内部には、人はふつうそのことを自覚していないけれども、言語に媒介された社会的実践が、いわば背景知あるいは背景実践という形で埋め込まれている。知の思想や歴史の専門家にはよく知られているように、そのような言語的―社会的実践はこれまで、「パラダイム」「言語ゲーム」「生活形式」「概念枠」「解釈図式」といった用語によって説明されてきた。要するに、個々の知の背後にはそれぞれ固有な形で、慣習行動《プラティク》、生活様式、行動様式、あるいは感覚、知覚、欲求、美的趣味、価値観、道徳的関心、身体感覚、日常経験から得られた知、学的反省から得られた知、等々が埋め込まれているということである。

　言語的―社会的実践はこのように、理論言語に媒介されたものから日常言語に媒介されたものまでを多様に含む、いわば意味の「三次元的なネットワーク(18)」を形づくっている。したがってそれらは、複雑に入り組んだ意味連関の全体を指すがゆえに、特定の知や意味の体系としてきれいに切り取って抽出できるようなものではない。にもかかわらず、それ自身は一つの特定の「パラダイム」として、つまり他の背景知とは「共約不可能な」――理解不可能とまではいえないが――関係にある一つのまとまりをもったものとして同定可能なのである。

　このことを踏まえると、知識や概念や考え方を理解するとは、結局のところ、その知識や概念等々を支持している人々が共有している諸々の言語的―社会的実践を、理解する側も同様に共有することにほかならない。H-G・ガダマー（H.G. Gadamer）のことばを借りていえば、理解するとは、理解する対象の拠って立つ「地平」と理解する側の「地平」が「融合する(19)」ことなのである。

　だが、この言語的―社会的実践の共有や地平の融合とは、異なるものが均されて一つになる、といった平準化の作用を意味しているのではない。理解とは、理解する側が自らの生活様式、感覚、知覚、好み、美的趣味、価値観等々を、場合によってはその生成の歴史的・社会的条件をも考慮に入れながら一旦客観化した上で、理解される側の背後にある同様のものとつきあわせることによって再構成するという作業である。その意味で理解は、「自分自身が今までに持っていたパラダイムのヒエラルキーの解体」と「再構成」を同時に行うことであり、いうなれば「自己の解体と再生」を伴っているのだ。[20] いずれにせよ、理解することは、「言語的―社会的実践の共有」や「地平の融合」という性格を反映して、記号・観念の操作や合理的・論理的思考をはるかに突き抜けた、きわめて（というより途方もなく）複雑で錯綜した過程なのである。本来それはとても一朝一夕できるものではない。

他方、理解というはたらきは、それに関係する背景知を最終的には明示化された特定の領域に限定することができないという意味で、全体論的な性格をもっている。たとえば、ある概念について理解するとは、最終的にはそれに関係するその他の無限の概念について理解することにほかならないのだ。[21] それゆえ本来の理解は、完全な理解に到達することが理論的に不可能なのであり、よりすぐれた、あるいはより適切な理解しかめざすことができない。理解はいわば終わりのない作業なのである。

2　知ることと行うことの結びつき

知ることと行うことはつねに結びついているわけではない。ロケットモデル批判の系譜で取りあげた論者がいずれも指摘していたように、行為と深く結びついている認識とそうではない認識を区別することが可能なのである。そのような諸々の認識の中で実は、これまで述べたような意味の理解こそが行為につながっていく。

このことは理解一般を考えてもある程度予想がつくことである。すなわち、観念の操作や合理的な推論は理解することのごく一面（表面に現れた部分）にすぎず、その背後に慣習行動、生活様式、身体感覚、欲求、美的趣味、価値観等々の実践的契機が抜き差しがたく織り込まれているのだとすれば、当然のことながら理解と行為は切り離すことはできないからである。だが、このようないい方ではまだあまりにも抽象的であり、どのような意味で理解と行為が結びついているかの説明としては漠然としすぎている。そこでこの章の最後に、理解一般から再び道徳原理の理解にもどって、次章で試みるロケットモデル批判のためのもっと具体的な手がかりを築いておきたい。

まず最初に確認しておきたいのは、選好すること（しないこと）が行為すること（しないこと）の本質的な前提条件だということである。われわれが行為するのは、その行為の諸結果を自ら選好しているからにほかならない。(22) われわれがある食べ物を実際に食べるのは、それがおいしそうで、栄養もあって、値段も手ごろ、等々と（肯定的に）判断しているからであり、つまりそれを食べたときの諸結果を（食べないときの諸結果よりも）欲し、望んでいるからである。このように、行為の結果に対する選好こそが行為を導いてくれることは、道徳的場面での行為に関しても事情は基本的に変わらない。(i)行為の結果を選好するとはその結果を価値あるものとみなして是認する（賛同する）ことであり、(ii)是認するとはそれを実際に受け入れようとすることであるから、(ii)の実現を物理的ないしは心理的に妨害する外的な力が介在しない限り、行為結果の選好は実際に行為することにつながっていく。同様に、行為の結果を選好しないとはその結果を価値のないものとして否認することであり、結果を否認するとはそれを拒否しようとすることであるから、それはふつう実際に行為しないことにつながるのである。[23] 情熱的な人は行動的であるとか、感情こそが行動を引き起こすといわれるのも、感情（喜怒哀楽など）の豊かな人ほど、行為の結果を鮮烈に価値づける（はっきりと是認したり否認したりする）からにほかならない。

一方、道徳原理を理解することにとって、選好することは必要不可欠な条件であった。つまり、道徳原理を理解するためには、その道徳原理の根底にある行為結果に対する是認や否認の態度を自ら受け入れること、つまりその行為結果を理解する者自身が自ら望ましいものとして選好する（あるいは望ましくないものとして選好しない）ことが必要不可欠であった。改めて確認すれば、このことは道徳判断の構造に由来していた（I・1、3）。そもそも道徳判断を下すことが、判断者が自己の是認・否認の態度それゆえ自己の選好や欲求を表明・表現することを含意していたのである。[24]

さて、以上の二つの原則、いうなれば選好と行為の結合の原則、および理解と選好の結合の原則を結びつければ、道徳原理を理解することとそれに従って行為することは一体であるとする結論が導き出される。道徳原理を理解するさいに行為を自ら選好すること（あるいは選好しないこと）が必要不可欠であり、選好することが行為を起動する力としてはたらく（あるいは選好しないことが行為を抑止する力としてはたらく）のだとすれば、すでに道徳原理の理解そのものに行為への起動力・推進力（あるいは抑止力）[25]に相当するものが含まれていることになる。したがって、人が道徳原理を理解し、しかもそれが十分なものであるならば、その人は基本的には理解している通りに行為するのである。

しかし当然のことながら、これだけではロケットモデル批判としては不十分である。というのも、多くの知行不一致現象は、道徳原理の理解が十分であれば必ずその通りに行為する、といった枠組みだけでは説明しきれないからである。そこで次章では、知行不一致現象がなぜ生じるのかについて、つまりその現象に知や理解がどのようにかかわっているかについて、より詳しく分析してみよう。

（1）　ここでいう道徳原理とは道徳に関係した原理であって、必ずしも道徳的に望ましい原理であるとは限らない。後で述べるように（II・2）、本書では後者を「正当な」道徳原理として位置づける。
（2）　好みや欲求がある種の価値づけを含意していることについては、たとえば次の文献を参照のこと。Dewey, J., *Theory of Valuation* (1939), in *The Later Works of John Dewey*, Vol. 13, Southern Illinois University Press, 1988, pp. 202ff.
（3）　廣松渉『物象化論の構図』岩波書店、一九八三年。
（4）　Straughan, '*I Ought to, but...*', pp. 59-62.
（5）　もっとも、大庭健の指摘（註9参照）にもあるように行為概念の理解が行為の結果の理解等と深く関わっていることを考慮すると、この二つの区別もけっして絶対的なものではない。

(6) J・ピアジェ（大伴茂訳）『児童道徳判断の発達（臨床児童心理学Ⅲ）』同文書院、一九七七年、第二章・三。

(7) Searle, J. R., *Speech Acts: An Essay in the Philosophy of Language*, Cambridge University Press, 1969, 3.1. 坂本百大・土屋俊訳『言語行為——言語哲学への試論』勁草書房、一九八六年、第三章・一〜三（訳文は若干変更した。なお各条件の詳細な説明については同書を参照のこと）。

(8) Peters, R. S., *Moral Development and Moral Education*, George Allen & Unwin, 1981, p. 57.

(9) 大庭健『他者とは誰のことか——自己組織システムの倫理学』勁草書房、一九八九年、第三章。

(10) たとえばヘアは、「他者の苦しみを知る」ことをこのような深さ・厚みをもったものとして捉え、それを「道徳的思考が要求する『知る』の意味における概念的真理である」とみなす（Hare, *Moral Thinking*, 5.3-5.4)。

(11) この(i)と(ii)の状態を、「他者の苦しみを知ること」についてヘアが分析したときに用いた用語を借りると、それぞれ「感情的」(affective)、「意欲的」(conative) 状態 (state) と呼ぶこともできよう（Hare, *Moral Thinking*, pp. 92f. 邦訳、一三八頁以下。ちなみにヘアは行為結果の認識を「認知的 (cognitive)」状態と呼んでいる)。本書でのわれわれの観点からすれば、この(i)と(ii)の区別は、人々の間で(i)の実感について一致があっても必ずしも(ii)の価値づけまで一致するとは限らないという事実を説明するために便宜的に要請される概念的な区別にほかならない。ヘアもこの考えに原則的に同意すると思われるが、他方で彼は、「苦しみ」(suffering) という語については(i)と(ii)が人々の間で一致するが、「痛み」(pain) については必ずしもそうではない、というように（言語実在論的に？）考えるときもある (*Ibid*., p. 93. 邦訳、一三九頁以下)。

(12) 「校則ぐらい守れなくては社会に出てからやっていけないぞ（社会の規則も守れないぞ）！」といった学

校の教師の論理は、「校則程度の理不尽さにまいっているようでは、会社の理不尽な規則にはついていけないぞ」という意味であれば（正しいとはいえなくても）一応〝筋が通っている〟が、「社会の正当な規則も理不尽な規則も校則も、規則を守るという点では同じだ」という意味であれば、それはまったくの詭弁・虚偽でしかない。

(13)　選好が歴史的・社会的に条件づけられていることを考慮に入れると、「自由意志論か決定論か」という二者択一的問題設定の不適切さが明らかになる。まずいえるのは、選好の対象はつねに複数与えられており（一つの対象であっても好む・好まないのいずれかの選択が可能である）、選好主体が選べる余地があるという点では「自由意志」は存在する、ということである。個人の責任（自己責任）という観念もここに根拠づけることができよう。しかし他方で、政治的・経済的・物質的等々の条件に集合的な共通性がある限りにおいて、その中で形成されてきた選好には個人の意思を越えた部分もある。つまり選好は、個人の自由の領域に属するものであるかのように見えながら、実際にはしばしば特定の対象と蓋然的に（場合によっては必然的ともいえる強さで）結びついてしまう。それゆえその点で、選好の内容は「決定論」的に規定されているともいえる。少なくとも、純粋な自由意志は存在しないし、そうした意志の起動点となるような〈自律的な自己〉が存在しえないことだけはたしかだといえよう。

(14)　選好には美的感得力、美的鑑識力とでもいうべきものが含まれていると思われるが、それらを特に誇張した選好のモード（美しい・美的に優れているからという理由で行為結果を選好するモード）も、本文であげたモードのほかに存在すると考えられる。

(15)　Kohlberg, L., "Stage and Sequence: The Cognitive-Developmental Approach to Socialization," in his *Essays on Moral Development, Vol. II*, pp. 14ff., etc.

(16)　Kohlberg, Levine and Hewer, "Moral Stages: A Current Statement and Response to Critics," pp. 217ff.

(17) 関係するすべての人の観点を考慮することが道徳的正当性の要件であることについては、コールバーグやカントをはじめ、ヘア、J・デューイ、E・H・エリクソン、J・ハーバーマス、J・ロールズら多くの論者が同意していることを、さしあたり指摘しておきたい。

(18) 村上陽一郎「理解の文脈依存性」佐伯胖編『理解とは何か』東京大学出版会、一九八五年、二四頁。

(19) Gadamer, H.-G., *Wahrheit und Methode: Grundzüge einer philosophischen Hermeneutik*, 6 Aufl., J. C. B. Mohr, 1990, Zweiter Teil, II-1-d. 池上哲司・山本幾生訳「真理と方法」(『真理と方法』の抄訳) O・ペゲラー編『解釈学の根本問題』晃洋書房、一九七八年、第四章。

(20) 村上陽一郎「理解の文脈依存性」二七頁。

(21) 佐藤徹郎「命題を知ること」飯田隆・土屋俊編『ウィトゲンシュタイン以降』東大出版会、一九九一年。

(22) もちろんここでは、物理的な強制力によって生じる振る舞いや、単なる条件反射的反応等々の非意図的な行いは、「行為」とは呼ばない。

(23) ドナルド・デイヴィドソン (Donald Davidson) は、この選好や欲求と行為の一体化の原則を、アンスコム (Anscombe, G. E. M.) やハンプシャー (Hampshire, S.) を参照しつつ次のような原則に定式化している。「行為者がyを行うよりxを行うことを欲し、かつ彼がxもyも自由に行いうると信じているとき、もし彼がxかyを意図的に行うのであれば、彼はxを意図的に行うであろう」(Davidson, D., *Essays on Actions and Events*, Oxford University Press, 1980, p. 23. 服部裕幸・柴田正良訳『行為と出来事』勁草書房、一九九〇年、三一頁)。またアリストテレスも「欲望というものは身体の諸部分を運動せしめるちからを有する」と述べている (アリストテレス［高田三郎訳］『ニコマコス倫理学（下）』二六頁［一一四七b］)。

(24) デイヴィドソンは、この道徳判断と選好や欲求の一体化の原則を次のように定式化している。「もし行為者がyを行うよりxを行う方がよいと判断するならば、彼はyを行うよりxを行うことを欲する」

(Davidson, *op. cit.*, p. 23. 邦訳、三二頁)。この原則はヘアら「指令主義者」(prescriptivist) が強調してきたが、デイヴィドソンはこの原則が特定の倫理学説と結びつくことを否定する (*Ibid.*, pp. 26f. 邦訳、三六―三七頁)。

(25)　ロケットモデルの仮定とは異なって、行為への起動力・推進力と抑止力は相反する二つの力ではなく、同一の力（選好の機能としての力）をいいかえたものにほかならない。たとえば「いじめをしないことの結果を選好する」ことはいじめをしないことへの推進力としてはたらくが、「いじめをすることの結果を選好しない」ことはいじめをすることへの抑止力としてはたらく。だが実際には、この二つの力は同じものを指しているのである。

第3章　知ることと行うことの不一致はなぜ生じるのか――

I――未熟な理解

1　ことばによる理解

知ることと行うことの不一致（知行不一致現象）はなぜかくも頻繁に生じるのか。この章では、道徳原理を理解することについての前章での議論を踏まえ、この現象が基本的には理解や認識のあり方に起因することを、具体例も適宜用いながらさまざまな角度から明らかにしたい。ロケットモデルに従えば、知行不一致現象は、知を行為に導いてくれる心的エネルギー（意欲・自覚・やる気など）の欠如や、（反道徳的な力としての）感情や欲求や衝動に対抗する意志の力（自制心・忍耐心・集中力・誘惑に負けない心など）の弱さによって説明されるが、それよりも説得力のある別の説明モデルを提示するということである。多くの人々はおそらく、身近なところで知行不一致現象が頻繁に発生する事実から、直接に知行二元論や認識・情意・行為の三分法、あるいは知・情・意の三分法を導き出している。だがそのような直線的推論はあまりにも安直であって、原理的に間違っているといわざるをえないことを指摘したい。

以下では、知行不一致現象の原因について、(1)道徳原理についての理解が未熟な場合、(2)道徳原理の内部に問題がある場合、(3)道徳原理の理解の外部に問題がある場合、の三つに大きく分けた上で、さらにそれぞれいくつかのケースに分類しながら論じることにする。ただし、それらのケースは一種の理念型にすぎず、一般に生じる知行不一致現象の原因としてけっして網羅的なものではない。またそれぞれのケースの下位ケースがさらに想定できるにもかかわらず、煩雑さを避けるためにそれらについても例外的にしかふれない。あくまでも、次章で論じる知行不一致現象に対する諸々の教育的対応法のそれぞれの質的差異を際立たせるための分類にほかならないからである。

ではさっそく本題に入ろう。このI節では、理解が未熟なために生じる知行不一致現象について考察する。まず最初の(A)のケースは、道徳原理の理解（行為概念の理解／行為の禁止や推奨についての理解）において、ことばではわかっているにしても、理解しているといえるための形式的な条件さえ満たしていない場合である。

(A) ①　行為概念についてことばとしてはわかっているが、行為を理解するためのコード（規則の体系）がいまだ形成されていない場合。つまり行為を正しく／間違って理解しているといえる以前の段階にある場合。その場合でも、たとえば「嘘をつく」ということばを自己の会話や文章表現の中で統辞論的に正しく用いたり、ある行為を「嘘をつく」行為として正しく指摘できたりすることはありうる。けれども、そのような〝理解〟しかできない人は、せいぜい「嘘」として教えられた個々の行為と外形的に類似のものしか「嘘」として判定できない。そのため、教えられたのとは違う種類の「嘘」に関しては、その人にすれば「嘘」ではないのだから、「嘘をつくな」という道徳原理に従わなくても少しも不自然ではない。

② 行為の禁止や推奨の理由をことばで再現できる程度にはわかっているが、それが具体的にどのような事態を指し示すかは知らないし、もちろんそれに対する（質的な）価値づけもできない場合。「嘘をつくな」という道徳原理についていえば、嘘をつくという行為が関係者にどのような心理的・物理的影響をもたらすかについても知らないし、それがどれほど望ましくないかもわかっていないわけだから、他にもっと気に入った行為があれば、嘘をついてでもそれを行うことがあったとしても、価値判断の論理からすればこれまたむしろ自然なのである。

たとえば、幼少・年少の子どもが「嘘はついてはいけないんだよ」とか「盗みをしてはいけないよ」と友だちをたしなめたり、「その人がイヤな気持ちになるから」と理由までいえたりするときもあるのに、実際にはしばしば平気で嘘をついたり、よその家から他人の物を黙って持ってきたりする場合がそうである。いずれにせよ、この子どもたちにとっては——もちろん同様の理解のレベルにとどまっている大人たちにとっても——、この種の知行（言行）不一致現象は彼／彼女の価値判断の内的論理から見る限りはまったく自然である。このような知行不一致はたしかに克服されるべきものであろうが、しかし道徳的に嘆かわしい現象ではないのである。

2　不十分な理解

道徳原理を理解することの条件を形式的には満たしているが、実質的には不十分な場合である。

(B)　行為概念を抽象的な規則の体系として理解しているが、その規則体系（行為を理解するためのコード）が部分的に間違っている場合。

この場合、一般的な行為概念Xに該当するはずの個々の行為（行為x_1、行為x_2…）のすべてをそれとして正しく判定できるわけではない。本当は（つまり正しい理解コードから見れば）行為Xに該当するのだが、間違った行為理解のコードから見たら行為Xには該当しないもの（たとえば行為x_9）が存在しうるからである。そうであれば、いつもは「行為Xをすべき」という道徳原理に従っているにもかかわらず、行為x_9に限ってその道徳原理に従わなくても、論理的には何の不思議もない（むしろ首尾一貫している）。

たとえば、前章（I・2）でふれた、嘘を「悪いことば」や「事実と異なる発言」だと間違って理解している子どものことを考えてみればいい。その子どもにとっての〝嘘〟と本当の嘘は、多くの場合同じ事例を指しているかもしれない。だが、その子どもにとっては嘘とはいえない行為が、嘘について正しく理解している人にとっては嘘以外の何ものでもない場合も、また確実に存在しうる。というのも、何が嘘かを決定する規則体系が、その子どもの場合には間違っているからである。そのときその子どもは、すべての本当の嘘についてそれをしてはいけないとわかっているわけではないことになる。だとすれば、その子どもが、「嘘をついてはいけない」と単にことばで知っている以上にわかっていながら平気で嘘をつくことがあっても、論理的には何らおかしくない。実際大人にとっても、嘘を、冗談、ホラ、フィクション、与太話、おせじ、おべっか・おべんちゃら、意図が不可抗力により実現されないこと、等々から区別するのはしばしば非常にむずかしいのであり、(1)そのために、嘘をついてはいけないとわかっていて、かつ自分では嘘をついてはいないと確信しているにもかかわらず、他人からは「嘘はついてはいけないとわかっているのについている」と非難される場合は少なくないのだ。

「いじめ」についてもしばしば同様のことが起こる。いじめと、からかい、指導（先輩の後輩に対するしつけ的指導など）、プロレスごっこ、ある種のゲーム（たとえば公正なルールのもとで罰や〝犠牲〟の回避を競うゲーム）、などの境界線が曖昧になることはめずらしくない。そのため、いじめる側は一緒に遊んでいるつもりが――というのもいじめられる側もなにやら笑顔を浮かべていたため――、いじめられる側にとっては実際は耐えがたい精神的苦痛であり、いじめ以外の何ものでもない、といったケースが生じることがある。このとき、いじめる側から見れば「いじめをしてはいけないとわかっていたけど（しかも自分でもいじめをしているつもりはなかったのだけど結果的に）いじめをしてしまった」ということになる。(2)

「セクハラ（セクシャル・ハラスメント）」になると事態はもっとややこしい。「相手に不快感や脅威を感じさせる性的な言動」がセクハラだとすると、(3)だれもが眉をひそめるような正真正銘のセクハラは別として、何がセクハラかは状況によって大きく異なってくる。つまり同じ行為（たとえば「まだ結婚しないの？」と聞くこと）が、ある状況（部下の若い女性に対する会社の上司の発言の場合）ではセクハラになるのに対し、別の状況（若い社員同士の発言の場合）ではセクハラにならない。しかももっと厄介なことに、同じ行為が同じような状況でなされたとしても、相手が違うだけで、セクハラになったり、逆に親密なコミュニケーションになったりする。実際にも、性的な事柄におおらかな風土や性的に猥雑な気分を楽しむ環境で育ってきた人が、新興住宅地の教育的に〝健全な〟環境で育ってきた人々の中で場をなごませようとして発したことばやしぐさに、大勢がセクハラ発言として眉をひそめた、などという事例は少しもめずらしくない。そのときその人にしてみれば、「セクハラはしてはいけないとわかっていたけど、（まさか自分の発言やしぐさがセクハラになるとは思わず）やってしまった」ということになる。もちろんここまでくると、行為概念についての不十分な理解というよりも、言語的―社会的実践の差異を反映した行為理解の原理的な困難と呼んだ方がいいときもあろう。

(C)　その行為がなぜ禁止されたり推奨されているのか、その理由（行為の諸結果）をとりあえず理解しているが、正確には理解していない場合。

たとえば、ゴミのポイ捨てはいけないとわかっているけど（ついつい）捨ててしまう場合や、ゴミの分別収集に協力しなければいけないとわかっているけど（ついつい）種類の違うゴミを一緒にして捨ててしまう場合や、（山岳国立公園などで）高山植物を踏みつけてはいけないとわかっているけど（なにげなく）踏みつけてしまう場合の多くは、このケースに該当しよう。いずれの場合にも、当事者は行為の結果の因果連関のほんの目先の部分しか視野に入れず、遠くの隠れて見えない結果群は考慮に入れていない。しかし、目先の結果はさほど重大なものではない（道がちょっと汚れる／ゴミの一部は再利用されない／葉が少し萎れる）のに対し、遠く離れた諸結果は重大である（それが引き金になって環境がはなはだしく悪化したり、よそからの来訪者や移住者が減ったり、自分の地域に愛着をもてなくなる／ダイオキシンが発生したり、焼却炉が傷んだり、仕分け作業の職員がけがをしたりする／原状回復に膨大な時間や多大の費用と労力を要したり、もはや回復不可能になる、等々）。したがって、その重大な結果を避けるために件の道徳原理が存在しているのだが、その当人はその結果をきちんと認識していないので、「それをしてはいけないとわかっているけれども」それを（なにげなく・無造作に）やってしまうのである。

(D)　行為の禁止や推奨の理由となっている事態（行為の結果）を正確に認識しているけれども、その事態のもつ価値（大切さや不愉快さなど）を理解《リアライズ》＝実感していない場合。つまり、行為結果を望ましいものとして是認する（選好する）／望ましくないものとして否認する（選好しない）といった形では理解していない場合。

この場合、行為の起動力・推進力（あるいは抑止力）をもたらすはずの選好がそもそも当の行為に向けられていないわけだから、その原理に従って実践しない事態が生じても何の矛盾もない。[4]

たとえば、(C)であげた事例でいえば、仮に「ゴミのポイ捨て」の結果について正確に認識できている場合でも、その事態を身をもって知り、何とかしてその事態を回避したいと願うのでなければ、

「その行為をしてはいけないとわかっているけれども（しかもはっきりとその意志をもっているにもかかわらず）」実際にその行為を止めなくて、論理的には何の不思議もないのである。子どもたちが、忘れ物をしてはいけないとわかっているけど（しかも忘れ物をしないようにと心がけてもいるのだけど）忘れてしまう場合や、遅刻をしてはいけないとわかっているけどしてしまう場合も、多くはこのケースであろう。この場合の主たる原因も、忘れ物や遅刻をすることの結果が否定的な価値をもっていることを当人が実感できてない（いいかえれば学校で勉強することの意義・重みをそれほど感じていない）ことにあると考えられるからである（もちろんそれ以前に遅刻や忘れ物の結果そのものを予想できないから、という場合もあるだろうが）。事実、忘れ物や遅刻の常習犯の子どもたちでも大抵は、うれしい調理実習では忘れ物をしないし、たのしい遠足や重要な責任を負わされている仕事の場合（典型的には学校を卒業して職に就いているとき）にはほとんど遅刻もしないからである。

なお、この(D)のケースは(C)のケースと密接に連関していることにも留意しておく必要がある。つまり、だれであっても、遠い将来に起こる結果や、遠く離れていたり慣れ親しんでいない場所で生じる結果や、よく知らない人に起こった結果や、間接的にしか生じない結果は、いま目前で身近な人に起こった直接的結果に比べて、実感をもって受けとめにくい（つまり理解しにくい）ということである。

II―理解の内部

1　選好の不一致

このII節で扱うのは、「ことばによる理解」や「不十分な理解」を克服できたとしても生じる、というよりむしろ十分に理解しているからこそ生じる知行不一致現象である。いうなれば道徳原理の理解の内部に原因があって生じる知行不一致現象である。

まず最初に、理解主体の選好および理解対象たる道徳原理（複数）を支えている選好の間に不一致があることによってこの現象が引き起こされる場合について論じよう。次の(E)のケースは、このような場合の基本型とでも呼ぶべきものである。

(E)　選好のモードや選好の形成過程が人によって異なることを反映して、ある道徳原理を別の道徳原理よりもより深く（つまりより従うべきものとして）理解している場合。

ある人が、道徳原理P^1の方を道徳原理P^2よりも、より深く理解している場合を考えてみよう。そのときその人は、P^1とP^2のいずれも理解している（つまり理解の形式的・実質的条件を満たしている）わけだから、それぞれの原理に従うことの結果を正確に予測し、かつその結果を実感をもって受けとめている。そして、それぞれの結果をそれなりに価値があるもの・是認すべきものとして（質的に）価値づけている。けれどもこの場合、その人が固有にもっている選好体系は、

P_2成立の背景にある選好体系よりもP_1の背景にあるそれの方に合致している。そのため、P_2の結果よりP_1の結果の方をより価値があるもの・是認すべきものとみなしている（つまりより強く選好している）のである。(5)

この場合でも、P_1とP_2が競合していなければ、その人はP_2についても理解しているわけだから、一応はP_2に従うであろう。けれども、両者が競合している場合にはそうはいかない。いずれかを選ばなければならないとすると、P_1に従うことは容易でもP_2に従うことは困難になる。しかも、P_1とP_2の背景にあるそれぞれの選好体系の格差が大きいほど、あるいはその人の選好モードの安定度が高かったり、選好の社会的に規定されている部分が大きい（つまり個人が自分の選好を自由に変更できる余地が小さい）ほど、その困難度は増す。ところがその場合でも、その人はP_2を従うべきものとみなしているから、それに従いたいと切に思っているかもしれない。するとそこで、「（P_2に従うべきと）わかっているけれども（そしてそのために懸命に自分自身を鼓舞するけれども）できない」現象が生じることになる。P_2を基準にしてみれば「わかっているけどできない」のだが、P_1を基準にすればまさに「わかっているからこそそうしている」のである。

具体例をあげよう。菜食主義者を志す人にとって、動物を殺すのはよくないので菜食主義者になるべきだとわかっているけど、（肉食の嗜好がもはや身にしみついているから）菜食主義者の料理は舌に合わず、どうしても食べられない場合があるとすれば、そのときこのケースが生じているといえる。(6)その人は、いってみれば「菜食をすべき」という原理と「おいしいと思うものを食べるべき」といった原理を共に理解しているのだが、これまでの生活を反映して後者の原理の方をずっと深く理解しているので、なかなか菜食主義者にはなりきれないのである。

健康のために脂っこいものや塩辛いものは控えるべきとわかっちゃいるんだけど、ついつい揚げ物に手が出たり、塩や醬油をかけすぎたりする場合や、できるだけ自分の足で歩くべきとわかっているけど、ついつい車に乗ってしまう場合はどうであろうか。医者の説明を聞いたりテレビの教養番組で見て「わかっているんだけどできない」のなら、おそらく(D)のケースであろう。カロリーや塩分の取りすぎの危険性は情報としてはよくわかっているけど、その危険性が自分にとって切実なものとしては理解されていないということである。けれども、実際にカロリーや塩分の取りすぎで病気になりひどい苦痛を味わったことのある人が、それでも「わかっているんだけどできない」のなら、そのときは(E)のケースが起こっている可能性が高い。つまりそのとき、「自分の健康を守れ」といった道徳原理よりも、「我慢して永く生きるよりも好きなことをすべき」といった道徳原理の方を深く理解しているために、両者が競合する場面では「自分の健康を守れ」という原理に従うのはむずかしくなるのである。

ここからも推測できるように、(E)のケースは、個人の生育史の違いだけでなく、ある種の文化的差異や対立を背景にして起こることが少なくない。たしかに、自分のものとは異なる文化圏の異なる選好体系をもった人々が支持している道徳原理を望ましいと思っても、人はなかなかそれを実行に移せるものではない。たとえば、日本人が（欧米人のように）「自立した個人」として自分の考えをきちんと述べるべきだとわかっているけどできない（ついつい集団の和を重んじてしまう）場合や、（以前の社会のように）親や教師は子どもに対して毅然とした態度をとるべきとわかっているけど、（大人と子どもの力関係が大きく変化した情報消費社会では）ついつい子どもに気に入られようとする場合がそうである。(7)

ちなみに、こうした現象は特殊な状況でも一般的状況でも起こりうる。道徳原理同士の競合が頻繁に起こるのであれば日常的にこの現象は生じるし、逆にめったに競合が起こらないのであれば、この現象も例外的にしか生じない。あるいは、競合がめったにしか起こらないのならば、その場合に限って人は自己の選好を偽装することもでき、結果として知行不一致現象も回避できるかもしれないが、頻繁に競合が起こるのであればそれも無理となって、その現象も避けがたいものになろう。

さて、次の(F)および(G)のケースは、この(E)のケースから派生したものである。ただし、次章での説明に対応させるために、ここではこの(E)には、その特殊な一事例としての(F)や(G)は含まれないものとしておく。

(F)　理解主体が正当とはいえない選好体系をもっている――つまり選好のモードが正当でなかったり、選好が支配的権力に侵蝕されている（第2章・II・2）――ために、正当な道徳原理よりも正当でない道徳原理の方をより深く理解している場合。すなわち、今の(E)のケースで述べた事例において、道徳原理P_1が正当でなく、P_2が正当である場合である。

この場合、その人はP_1の方を深く理解しており、P_1の方がP_2よりも主観的には価値のある原理である。よって、P_1とP_2が競合するような状況下では、その人はP_1の方に従うことになる。だがP_2は客観的に価値ある＝正当な原理であるのに対し、P_1はそうではない。そのため、P_2の正しさが人々の通念であればあるほど、またそこに伴うサンクション（制裁・報奨）が強力であればあるほど、「P_2は正当だからそれに従え」とする強制的な力・命令的な力がその人を外側から拘束する。それゆえ、それに応じてその人も、「P_2に従うべき」と、ことあるごとに自分にいいきかせるであろう。けれども、それにもかかわらず多くの状況で、P_2に従うべきことは「つくづくわかっているけど」、あるいは場合によってはP_2に従いたいと「心から願っているのだけれど」、どうしてもできない（P_1の方に従ってしまう）という現象が生じるのである。

たとえば、ゴミの不法投棄はいけないとわかっているが、やはり見つからないように捨てる場合や、脱税（あるいはインサイダー取引、組織の不正隠し、セーフティ・ネットの悪用などの〝モラル・ハザード〟等々）をしてはいけないとわかっているが、あえてする場合の多くがそうであろう。最初の事例に沿っていえば、その人はゴミの不法投棄が何をもたらすかを正確に認識しているし、（実際に自分が不法投棄をやっているのだから）そのおぞましい事態を実感をもってリアルに思い描くこともできる。それゆえ、その事態を回避すべき状態として価値づけることもできる。その人が「ゴミの不法投棄なんてほんとうはやりたくないんだ」と周囲に洩らしていたとすれば、それはおそらくその人自身の嘘偽りのない気持ちであろう。けれどもその人は、「自分の所属する集団＝会社（あるいは自分自身）の利益になることを選好する」とか「自分の会社との契約を守ること

（会社から与えられた職務を遂行すること）を選好する」といった必ずしも正当とはいえない選好のモードに従っているために、ゴミの不法投棄の帰結を回避すべき・嫌悪すべき事態としてみる（＝価値づけする）よりも、むしろ好都合な・喜ばしい事態としてみてしまう。こうして、ゴミの不法投棄をすることの結果の方をそうしないことよりも強く選好するのである。

要するに、このような場合人は、「ゴミの不法投棄はするな」「脱税等々はするな」という道徳原理よりも、「自分の会社・組織（あるいは自分自身）の利益のためにできる限りのことをせよ」とか、「与えられた役割は忠実に果たすべき」「周りの者と同じように振る舞うべき」といった類の道徳原理の方をより深く理解して、実際その通りに行為しているにすぎない。だがその人は同時に、それが正当ではないことを（あるいは社会の法を犯すことになることも）重々わかっている。それゆえその人は、「やっちゃいけないことを十分すぎるほどに知りながらも、やってしまう」のである。

そのとき当人にすれば、それをやりたくないという（強い）意思をもちつつそれに反した行動をとっているので、〝理性〟とは無関係に、あたかも身体の奥底から沸きあがってくる得体の知れない力（たとえば〝心の中にひそむ悪魔の囁き〟）に衝き動かされてしまったかのように感じるときもあろう。しかし実際は、得体の知れない衝動や情動がかかわっているわけではないのである。(8)

(F)のケースのような「わかっているけどできない」現象は、(E)の場合と同様に現実にはかなり多いのではなかろうか。上記のような事例のほかにも、きちんと発言すべきとわかっているが黙ってしまう、嘘をついてはいけないとわかっているが嘘をついてしまう、体罰をしてはいけないとわかっているが行う、駐禁の場所に車を停めてはいけないとわかっているがそうしてしまう、といった大人の「わかっているけどできない」現象の少なからぬものがおそらくそうであろう。そのとき彼らは、正当とはいえない選好モードをもっているために、それぞれ「不正に目をつむるな」「嘘をつくな」「体罰をするな」「駐車場の指示に従え」といった道徳原理よりも、「沈黙は金なり」「嘘も方便」「愛の鞭はよい」「他人のことより自己のことを考えるべき／周りの者と同じように振る舞うのがよい」といった正当とはいえない道徳原理の方を深く理解している。つまりそのとき、「沈黙を守る」「嘘をつく」「体罰を加える」「駐禁の場所に車を停める」ことの結果の方をむしろ選好している（望ましいものとして是認している）ために、その通りに行為するのである。

支配的権力に侵蝕された選好をもっている場合も同様である。「無駄な消費を避けてゴミ（廃棄物）は最小にすべき」は、現代社会の環境問題を考慮した正当な道徳原理といえよう。だが、「大量生産・大量消費」や「新しいものをつぎつぎと買うこと」をよしとする資本主義文化にどっぷりと浸かる中で自らの選好が形成されてきた人にとっては、その原理に従うべきと「わかっているけどできない」ことがあっても、少しもおかしくない。その人にとってはそのとき、「無駄な消費を避けるべき（古いものでも大切に使うべき）」という原理は、本音ではどうしても〝ケチくさく・貧乏くさい〟結果や〝自分が周囲から孤立する（時代から取り残される）〟結果をもたらすかのように思えてしまうからである。(9)

(G)　今の(F)とは反対に、理解主体の選好体系が正当であるために、正当な道徳原理P_1の方を正当でない道徳原理P_2よりも、より深く理解している場合。

この場合、正当な道徳原理の方に実際にも従うことになるので、ふつうはそれが「わかっているけどできない」現象として問題化することはない。けれども、P_2が正当でないにもかかわらず、社会的に広く支持され、多数の人々がそれに従っている場合は別である。そのとき、「P_2が世間で、(周囲の多くの人々によって)正しいとされていることはわかっているが、その理由をよく考えてみると必ずしも正しいとは思えないから行わない」事態が生じるからである。この場合その人は、P_2に従うことの結果を正確に認識しているが、正当な選好体系に従ったところ選好できない(P_1に従う結果の方を選好できる)から、行わないだけのことである。「(すべきと)わかってはいるけど、どうにも納得できないからやらない」現象といいかえてもよい。しかし、P_2を正しいとみなすその他大勢の目には、その人の振る舞いは「わかっているけどできない(しない)」現象として映ることになる。

たとえば、学校では制服を着用しなければならないとわかっているけど(しかもその制服は必ずしも嫌いではないのだけれど)着ていかない事態が、次のような理由によって発生した場合である。すなわち、「生徒が制服を着用することがもたらす結果はすべての関係者から受容可能なのではなく、むしろ既存の学校秩序の維持を要求する側(教師や親など)の特殊な利害の立場からしか選好できない」とか、あるいは「仮にすべての生徒たちが制服着用を選好したとしても、彼／彼女らが制服を『生徒らしくてすがすがしい』とか『かわいいもの・カッコいいものなら画一的に強制されてもいい』とみなすのは、その選好がある特定の支配的権力の影響下で形成されたからである」といった理由で、学校での制服着用を拒否する場合である。そのときその人は、多くの人が正しいものとみなして従っている「学校では制服を着用しなければならない」という原理よりも、「人は他人に付和雷同することなく自律的に思考し行動すべきである（学校はそのための準備の場である）」といった原理の方を深く理解し、その通りに行動しているのである。

同様に、第二次大戦下において、良心的ドイツ人が「ユダヤ人をかくまってはならないとわかっているがかくまう」場合や、良心的日本人が「天皇の統治する大日本帝国のために自らの命を犠牲にすべきとわかっているけれどもそうはしない」場合も、この(G)の事例であるといえる。医者が「患者を死なせてはいけないとわかっているけれども、無用な苦痛を与えるのを避けるために消極的安楽死に加担する」場合も、場合によってはこのケースに含めていいかもしれない。一般に、この(G)のケースは、反戦運動や反政府運動や反グローバリズム運動など、悪法や問題をはらんだ法に対する（制裁を覚悟した上での）非暴力的抵抗としての「市民的不服従」の諸々の事例に最もうまくあてはまるであろう。(10)

おもしろいことに、(E)や(F)のケースでは多くの場合「意志が弱い」とか「やる気がない」とみなされるのに対して、(G)のケースの場合、周囲の冷たい視線をものともせず、あるいは〝配慮に満ちた〟助言を決然と振り切って自分の考えを貫こうとするので、むしろ「意志が強い」とみなされる

ことが多い。しかし実際には、これらのいずれのケースも同様の理解のしくみによって生じているのである。(11)

2　特殊な状況での特殊な結果の出現

次に取りあげるケースは、(E)〜(G)のケースのように複数の道徳原理の理解の間で競合があるために生じるのではなく、一つの道徳原理をめぐって、特定の状況で特殊な結果が生じることが引き金となって起こる知行不一致現象である。つまり、ある道徳原理について、一般的な状況では従うべき価値があることを理解できるけれども、その原理に従うことによって特殊な結果が生じるような特殊な状況に限ってはそのように理解できない場合である。その場合、その状況に限って普段は従っている道徳原理からの逸脱が生じるために、第三者の目には、その人の行いは「わかっているのにしない（やってしまう）」現象として映ってもおかしくない。

このような事態が生じる原因については、もはや詳しい説明は必要なかろう。前章（I・3）で述べたように、道徳原理の存在理由となる行為の結果とは、個々の状況の固有性を越えて帰結する相対的に安定した部分（その行為の諸結果の共通部分）であった。ということは、裏返せば、特殊な状況においてその安定的な部分からはみ出すような特殊な結果が生じることはありうるし、そのときに限って、普段はその道徳原理を理解している者がその原理を理解できなくなっても（つまりその原理に従うことから生じるその特殊な結果を選好できなくなっても）、論理的にはまったく筋が通っている。ここで考察する知行不一致現象も、まさにこのような事情から生じるのである。

(H)　最初のケースは、選好の正当なモードや、支配的権力に侵蝕されているとはいえない選好をもっている人が、ある特殊な状況に限って、道徳原理に従うことから生じる特殊な結果を選好しない場合。

具体例でいえば、医者が多様な選択肢（治療法やリスク）を前にして「患者には病名を正しく告げるべきである」という原理に普段は従っているけれども、ある特別なガン患者に限っては本当の病名を隠してしまう場合である。このときその医者は、「不治の病を告知して患者を苦しめるべきではない」という別の道徳原理の方を深く理解し、それに従っているわけではない。その医者は末期ガンの患者にもこれまでは病名を告知してきたが、その特別なガン患者に限っては、「患者には病名を正しく告げるべきである」という原理に従わない方が全体として望ましい結果がもたらされると判断して――たとえばその患者を含めたいずれの関係者からも受け入れられると判断して――、その道徳原理に自覚的に例外を設けているのである[12]。

(I)　選好のモードが正当でなかったり、支配的権力に侵された選好をもっている人が、ある特殊な状況に限って、道徳原理に従うことから生じる特殊な結果を選好しない場合。

この場合も、形式的な枠組みは(H)のケースと同じである。そのため(H)であげた事例をそのまま用いていえば、「自分自身の利益につながる」ことをよしとする選好モードに従っている医者ならば、「この患者に本当の病名を告げたら面倒くさいもめごとが自分に降りかかってきそうだ」と考えて、まさに自己保身のためだけに上記と同じような例外を自覚的に設けるだろう（それゆえその医者の場合、例外を設ける状況やその内容は(H)の医者の場合とは当然異なってくるであろう）。

しかし、いずれの医者も明確な自覚をもって「わかっているのにしない」のであり、それゆえ正確にはまさに「わかっているからこそそうする」のである。よって、第三者の目にはたとえ「意志の弱さ」のせいに見えようとも、当人にはそのような自覚はないし、それゆえ後悔や自責の念が後から生じることも少ない（特に(H)の場合）。(H)と(I)の区別を問わなければ、特殊な状況での道徳原理に対するこのような例外設定は、現実生活の上ではけっして少なくないと思われる。

III―理解の外部

1　理解の一時的な棚上げ

このIII節で論じるのは、理解の外部に主たる原因があって引き起こされる知行不一致現象である。そのためそれは、道徳原理について理解しているか否かとはさしあたり無関係に生じる。たとえ道徳原理についてよく理解していても生じうるということである。
(J)　最初は、特殊な状況において道徳原理の理解が一時的に棚上げされることによって生じる知行不一致現象である。つまり行為の特殊な結果に遭遇して、望ましいか否かを考慮することなしにその結果を選好した（しなかった）ところ、結果的に道徳原理から逸脱している場合である。このような場合は、さらに次の二つのケースに分けることができる。

①　行為のもたらす結果の訴える力が強烈なために、道徳原理のことを考慮する間もなく、有無をいわさずに是認や否認の（質的な）価値づけを迫ってくる場合。つまり、いわば反射的に（つまり道徳原理の存在を忘れて）、その行為の結果を拒絶したり、受け入れたりしたところ、結果的に道徳原理から逸脱している場合である。

②「行為の結果を熟慮しないままに受け入れたり拒否したりしても、状況には重要な影響を与えない」と判断されている場合。すなわち、その行為結果の訴える力がそれほど強烈なものでなくても、その力に素直に反応して、道徳原理の存在とは無関係に是認や否認の（質的な）価値づけをしたところ、結果的に道徳原理から逸脱してしまっている場合である。

①の場合の具体例としては、人を殴ってはいけないと日頃から口にし、実際にもその通りに振舞っている人が、目の前で陰湿ないじめを見て強烈な義憤に駆られ（つまり「頭に血がのぼり」）、子どもを殴ってはいけないとわかっているけれど、いじめっ子のほっぺたを引っ叩いてしまうことが考えられる。また、サヨナラヒットを打ったプロ野球選手や決勝ゴールを決めたプロサッカー選手に、感激のあまり「してはいけないとわかっているのに」抱きついていく観客というのも、観客席とグランドの間にフェンスや警備員が立ちはだかっていなければきっと大勢いるにちがいない。挨拶をすべきとわかっているのだが、恥ずかしさや緊張のあまりできなかった、という事例もここに入れてよいであろう。(13)

②の例としては、オックスフォードの哲学者ジョン・オースティン（John L. Austin）が大学食堂の教授席《ハイ・テーブル》で好物のアイスクリームを、わかっていながら（しかし気品さえ漂わせて）他人の分まで食べてしまったという事例[14]がふさわしいかもしれない。大学教員が内々の新入生歓迎会で成人であるか否かを気にすることもなく大学生にビールを注いであげ、お互いにリラックスしながら談笑するという事例も、ここに入れてよいかもしれない（場合によっては(H)や(I)の可能性もあるが）。[15]ヘアのことばを借りていえば、そのときその人は「道徳の休日をとっている」(take a moral holiday)のである。

もっとも、実際の事例は多くの場合、この二つのうちのいずれかに分類するのはむずかしい。たとえば、明日は学校で試験があるのに、小説を読み始めたらぐんぐん引き込まれてしまって「わかっちゃいるんだけどやめられなくなる」場合がそうである。同様に、約束の仕事を早く片づけなければいけないとわかっているのに、お酒を飲みに出かけたり、映画を見たり、部屋の掃除を始めたりするのも、多くは①と②の混合型であろう。

この(J)のケースは、特殊な状況で生じた行為結果に対する選好（質的な価値づけ）のあり方が原因となっている点や、普段は道徳原理を理解している人にも起こりうる点で、先の(H)や(I)に一見類似している。だが、(H)や(I)が共に、道徳原理に従うことの結果に関しており、それゆえ道徳原理に自覚的・反省的に例外を設ける事例であったのに対し、(J)のケースはそれとは異なって道徳原理の存在とは無関係に生じ、それゆえ道徳原理に例外を設けている自覚もない点で、この両者は基本的に異なっているのである。

(J)のケースの知行不一致現象が周りの人をいらだたせたり憤らせたりするとき、その人は、たとえば「いくらおもしろいからといって、こんなときに小説を読みふけってどうするんだ」とグチをこぼし、これこそ紛れもない意志の弱さだ、と考える。しかしながら、①行為の結果の訴える力に率直に反応したり、②状況判断を読み間違えたりしたことをあえて「意志の弱さ」と呼ぶことに、いったいどのような意味があるのだろうか。列車のホームから落ちた人を咄嗟の判断で危険も顧みずに助けあげた人も（あるいはそれによって自らの命を落とした人も）、同じように「意志の弱い人」と呼ぶのだろうか。

このタイプの知行不一致現象は、短絡的で無思慮な、あるいは衝動的で刹那的な振る舞いとして非難されることも少なくない。社会的非難や制裁が大きい場合、後から考えるとわけがわからなくなって、「魔が差した」としかいいようがなくなるときもあろう。けれども、このような〝短絡的で衝動的な〟行動に走る彼／彼女らに〝欠けている〟のは、逆説的ないい方をすれば、自制心でも強い意志でもなく、管理された良識ある現代人に特有の〝醒めた目〟や〝あきらめ〟にほかならない。外の世界の出来事にいちいち反応しない鈍磨した感覚・感性や、規則には恭順だが個々の状況には応答できない硬直した思考や身体、すなわちニーチェ風の挑発的な表現を用いれば「家畜のように飼い慣らされた奴隷の心」をもてば、不幸なことにこのような知行不一致現象は起こらなくなるのである。

(K)　理解が一時棚上げされることによって生じる知行不一致現象には、もう一つ別のタイプがある。十分に理解できており、行為が習慣化・自動化されていると、逆に「ついうっかりと」、わかっているようには行為できない場合が起こるときがある。いわゆる「スリップ」(slip) 現象である。[16] たとえば、お茶の葉をきゅうすに入れるつもりが、湯呑みに入れてしまう場合や、果物をむいて、皮ではなく身の方をゴミ箱に入れてしまう場合や、着替えをするために寝室に入ったのに、服を脱いでそのままベッドに入ってしまう場合である。このような「うっかりミス」は多くの場合大したことではなく、知行不一致現象としてとりたてて問題にする必要もないが、医療事故のように時として重大な道徳的問題を引き起こすこともある。

スリップ現象は(J)とは異なり、行為の特殊な結果に対する選好が原因となって引き起こされるのではない。しかしこの場合でも、認識・意図からの逸脱は、スキーマ論の枠組みによって説明できるのであり、[17] 意志の弱さや意欲の欠如といった説明項が必要なわけではまったくない。

2　理解の実行の阻害

(L)　道徳原理に従うべきことを十分に理解していたとしても、それに従って行為する身体的自由や心理的自由が奪われている場合。

身体的自由が奪われている場合はあえて例をあげるまでもなかろうが、目の前にいるけがをした人を助けてあげるべきだが、他人に拘束されている、自分もけがで動けない、眠っていて気づいていない、等々の場合である。心理的自由が奪われている場合とは、たとえば、目の前で人が車に轢かれるのを見て、（すぐにでも助けてあげるべきだとわかっているけど）精神的ショックでその場にへたり込んでしまう場合である。[18] 前者は原理を実行しようとする意図の実現が外的に阻まれている場合であり、それに対し後者はそうした意図をもつことが外的に阻まれている場合であるともいえよう。酒に酔っている場合は、アルコール中毒や薬物中毒の場合と同様に、このいずれでもありうる。

(M)　道徳原理について理解しているとしても、それを実行するための具体的な方策・方略（手段・手続き・道具）に関する知識や経験が欠けている場合。たとえば、武器をもった犯人から人質を解放しなくてはならないとわかっているけど、あるいは濁流に呑み込まれた人を見て何とか助けあげなくてはならないとわかっているけど、具体的にどうしたらいいかわからずに、結局何もできない場合である。

3　透明な抑圧

(N)　道徳原理について理解しているか否かとはとりあえず無関係に、その原理が命じる行為と矛盾する行為を引き起こそうとする強い外的・客観的誘因がある場合。今日のわが国の子どもたちの知行不一致現象のうち、いわゆる「問題行動」として現れる当の現象のかなりの部分がこの(N)のケースに当たると考えられる。

まず最初に指摘しなければならないのは、今日わが国の子どもたちが、学校や社会や家庭の中でさまざまな抑圧にさらされているという事実である。たしかに彼／彼女らは生まれたときから貧困とは縁遠く、かつての子どもたちのように生活のための労働の苦役にあえぐこともない。階級や性や家柄や出身地のせいで勉学を断念せざるをえなかった人々からすれば、今日の子どもたちは申し分のないほどに恵まれた学校生活を送り、贅沢すぎるほどの教育機会を手にしている。しかも以前とは異なり、受験勉強のストレスも今日ではずいぶんと弱まっている。思想や行動の自由もかつてないほど認められているし、ファッションも音楽も食べ物もお気に召すまま。こんな子どもたちのどこに抑圧があるのかといぶかしがる人の方が大多数であろう。ところが、視点を換えると事態は一変するのだ。ここでは今日の日本の子どもたちが受けている抑圧の最も基底的な層――家庭・友人関係・学校・地域等々に関する比較的目につきやすい抑圧はこの上層部に位置する――に目を向けてみよう。ここで役立つのは、現在の日本の子どもたちと、かつての未だ貧しき時代（たとえば高度経済成長期以前）の日本の子どもたちや現在の貧しき国々の子どもたちとのそれぞれの生活の対比である。

かつての社会では、子どもたちは自分を取り巻く世界といわば素手で格闘していた。日々出会う人やモノや出来事が何を意味しているのかは最初は不明であり、それらの対象に自らはたらきかけ今度はそれらからはたらきかけられるという活動の積み重ねを通じて、自己の責任において自ら意味を創り出していくしかなかった。その過程では心身に深い傷を負うこともあったが、そのような代償を払って子どもたちは自分が世界（他者・自然・モノ・出来事）とどのようにかかわっているかを知ることができ、同時に自分が何者であるかも理解できた。とはいえ、全身を傾けた世界との格闘に子どもたちはいわば丸腰で投げ出されていたわけではない。先行世代は（手取り足取りの指導はしてくれなかったけれど）活動のモデルを提供してくれたし、そうした活動の全体としての実践が向かうべき方向性（実践の規準＝善さ）は実践の共同体が共有していたから、共同体内の他者と活動を共有すれば、何をなすべきかは自然にわかるようになっていた（もちろん実践の規準も自力で習得しなければならなかったことはいうまでもないが）。いずれにせよ、世界との格闘は辛く苦しい側面を多分に含んでいたが、他面でそれは他者との交歓の過程でもあり、また自らの力で生きるための力（知と技）を身につけていく過程でもあったから、同時にそれは他に代えがたい悦び（生の享受）の源泉でもあった。

一方、現代の子どもたちはどうか。それについて論じるためには、現代日本社会の次のような特徴に目を向ける必要がある。まず第一に、世界が合理的制御や管理の対象となるにつれて、人が世界（他者・自然・モノ・出来事）と直接にかかわることは許されなくなってきている。世界は未知の冒険に出かけようとする子どもたちを旅先で待っているのではなく、旅に出かける前からすでにそこにある。つまり世界は、それを効果的・効率的に活用したり、危険やリスクや不安をできるだけ回避するために、あらかじめ明確に意味づけされている。しかも意味づけの立脚点は、自分自身、家族、地域社会、産業界、国家、国際社会、等々多種多様に存在し、それら全体を統括する普遍的な視座（いわゆる「大きな物語」）はすでに絶えて久しい。そのうえで子どもたちは、もっぱらその意味づけられた世界を個々バラバラに学習（受容）させられるのだ。さらにいえば、人が世界に出会うときも、同様の目的のために、一定の知識や（しばしばマニュアル化された）スキルをあらかじめ備えておくことが要求される。しかも近年、そのような要求は考え方や行動の仕方だけではなく、感情のあり方にも及んできている。いずれにせよそこでは、危険や失敗（あるいはそれらに対する責任）を引き受けながら世界と素手で格闘し、世界に自ら意味を付与していく自由は、子どもたちから急速に奪われつつある。

第二に、生きるための力は、〈教育〉や〈学習〉を通じて合理的に習得されるべきものとして位置づけられている。つまり、生活に必要な知識や技術として細分化され系統的に秩序づけられた上で――時には「生きる力」としてあまりにも大雑把にくくられたまま――教育や学習の目標として位置づけられ、現在のさまざまな活動はそれらを達成するための手段として利用されている。だが、現在の諸活動が、体験であれふれあい活動であれ、教育目標の達成にとっての有用な手段という観点から合理的に選択・配置されるほどに、子どもたちは現在の生活をそれ自身（目的）として享受することができない。つまり、外部の目的や目標に拘束されている限りにおいて、現在の活動は（できるだけ早く・効率的に）消化すべきものでしかないために、他者や自然とのかかわりに没入し、それらと交歓することができなくなるのだ。もちろん今日の消費社会では、現在の生の享受が剥奪されることに対する代償や代用品は、十分すぎるほど子どもたちに用意されている。すなわち、手段としての活動には多くの場合、「楽しさ」という甘味料がたっぷりと降り注がれている。けれども、味気ない現在に付加された甘味料が与える喜びと、現在の生の充溢や享受がもたらす悦びとでは、その中身がまるきり異なることはもはやいうまでもないであろう。

第三に、各人は実践の共同体から切り離されて〈私的所有欲《ニーズ》の主体〉として独立するとともに、〈諸組織（会社や国家ときには家族等々）の目的達成のための手段の一つ〉や〈自己展開する諸々の機能システムの一要素〉に矮小化されるようになり、一人ひとりの能力も生の全体から切り離されて、知識や感情や身体等々の各部品《パーツ》の機能や効用に還元されていく。そのうえで各人は、能力の最適な利用＝「適材適所」をめざす他者（国家・企業社会・国際社会等々）の企図に従いながら教育を受けたり、あるいはそのような企図を先取りした自分自身の意思に従いつつ自己学習に励むようになる。かくしてそこでは、子どもたちは自分自身を、他者や社会的関係から切り離された〈自律的な欲望主体〉であると同時に、〈他者の欲望に応える他律的な受容器〉として捉えるようになる。また他者を、さらには他者のように縁遠くなってしまった自分自身の知識や身体や感情を、自己の目的の実現（つまるところは私的満足の追求）にとってプラスもしくはマイナスの価値をもつ道具としてみなしがちになる。ここで第一の特徴で述べたことに関して付言すれば、そこでは、危険・失敗を自ら引き受けることや自己責任が奨励されても、「めまぐるしく変化する社会の中ではいずれの目標や手段を選択しても自由であるが、失敗は自分一人で背負い込め」といった意味に読みかえられてしまう。

こうして、このような社会で育った子どもたちからは――すでに若い世代の大人たちもそうであるが――、かつての社会の子どもたちにとってはごく当たり前であったものが次々と失われていくようになる。まず世界と格闘し自分の力で意味を創り出していく経験が衰弱し、所与の意味に一方的に拘束される機会が増えることによって、〝生きている実感〟が不足し、苦労とないまぜになった〝生の悦び〟が感じられにくくなる。あわせて、他者・自然・モノ・出来事との距離が遠くなり、いわゆる現実感覚も稀薄になる（その分だけヴァーチャルな感覚に侵入されやすくなる）。それに伴って自分が何者であるかもわからなくなり、「空虚な自己」(19)としての自分自身に対する不信や不安が芽生えるようになる。他者は自分（の私的満足）にとってなくてはならない存在であるが、関心や善を共有し共通の実践に従事することによって互いに競争・対立したり協力・配慮し合うような関係ではない。逆に、「自律的な欲望主体」でありながら同時に「他律的な受容器」として他者に同調しなければならないことは、しばしば大きな葛藤を引き起こす。しかし、空虚であるがゆえに自己を主張・肯定できず、また他者と率直に交歓する能力も欠き、さらには責任をもって危機や不安と格闘したことのない者にその葛藤を解決する力は育っていないので、もっぱら他人への気遣いに神経をすり減らし、むなしく疲労感や無力感だけが蓄積されていく。

しかしながら、このような状況から抜け出せる道はなかなか見つからない。再び貧困にもどれば問題は解決できる、とみなす発想はあまりにも短絡的である。サービス産業やレジャー産業が提供してくれる娯楽や癒しこそがこの苦境を和らげてくれそうであるが、実際にはそれらは上記の諸特徴を学校や家庭以上に強くもっていることが少なくなく、その場合はますます悪循環に陥ってしまう。そもそも現代の子どもたちへ向けられた抑圧は、すぐ前でも示唆したように、ある種の楽しさを媒介として行使されることが多い。現代の抑圧は、禁圧する力というよりも、むしろ鼓舞したり励ます力と結びついている。そのため、「元気を出させる」「夢をもたせる」といった対処法は、実際にはこのような抑圧状況からの脱出に役立たないばかりか、逆にその抑圧に加担してしまうことが少なくない。

かくして、このような袋小路の状況において子どもたちは、自己への不安・不信を払い除けたり、出口の見えない疲労感を意識から排除したり、〝生きている実感〟を取りもどしたりするために、時として社会的・道徳的な逸脱を企て、いわゆる問題行動（場合によっては犯罪）に走る。[20] 彼／彼女らは、何か必要に迫られているわけでもなく、またとりたてて何か目的を掲げているわけでもない。許されざる行為や人目を引く行為や相手（あるいは自分）に苦痛を与えることがもたらす刺激や興奮や緊張感を介して、無化されつつある自分自身（世界に影響を与えうる能動的な存在としての自分）を〝取りもどし〟たり、自己の生を改めて実感したり、逆に自己を滅却し尽くそうとしたりしているにすぎない。さらにいえば、得体の知れない抑圧にあえぐ自己の苦境をただだれかに〝訴える〟ためだけに、そうした逸脱行動に向かう場合もあろう。ともかく、このようにして――もちろんそれだけが原因ではないが――、たとえば万引き・恐喝・覚醒剤・売春・いじめ・（自他への）暴力・バイクの暴走・拒食（過食）等々をしてはいけないとわかっちゃいるけど、やってしてしまう現象が生じるのである。

この場合、その子どもたちも大抵は、その道徳原理が従うべきものであることをそれなりに理解している。つまりある程度は、その原理から逸脱すればどのような結果が生じるかについて認識し、それが避けるべき事態であることを実感している。そのため、上記のような抑圧さえなければ、そのまま道徳原理に従う可能性は高い。仮に道徳原理の理解がかなり不十分であっても、サンクションに伴う強制力が加われば、ふつうは道徳原理にそのまま従うはずである。けれども、当の子どもたちは、まさにその抑圧が誘因となって、いけないとわかっていながらその行為を、いわば心の奥のやむにやまれぬ気分に衝き動かされるかのように実行してしまうのである。

この(N)のケースの特殊性はいじめの例で考えてみるとわかりやすい。いじめをしてはいけないとわかっているのにやってしまう現象が生じる原因は、前節までの考察を踏まえると実にさまざまである。自分のやったことがいじめであるとは思わなかった場合（A)や(B)、いじめがいじめられる側にどのような辛さや苦しみを与えるかを知らなかった場合（C)、その辛さや苦しさを切実に感じることができないために拒絶するべきものとして価値づけできない場合（D)、「いじめをするな」という道徳原理をよく理解していたとしても、それ以上に「目には目を歯には歯を（いじめられたらやり返せ）」といった別の道徳原理の方を深く理解している場合（F）である。それに対して(N)のケースのいじめは、「いじめをするな」という道徳原理をそれなりに理解し、いじめられることの辛さ・苦しさを否定的なものとして価値づけできる場合にも生じる。そこでは、自分が相手に辛さ（否定的な価値）を与えることによって得られる〝自己確認〟（自分の存在をたしかなものとして感じること）こそが、いじめの動機となるからだ。加えて、いじめが日常の退屈や虚無を紛らわす〝祝祭〟となり、つながることの必然的契機やつながる能力がないにもかかわらずつながりが強要される場（教室！）で人々の一体化に役立つとき、いじめは道徳的悪というよりも、今にも崩れんばかりの自己や集団生活をかろうじて維持するのに必要な〝ゲーム〟となる。そのとき、いじめへと向かうこのような内的論理は、いじめをする側といじめを傍観する側（ときには教師）の双方の思考の深部に巣くい、「いじめをしてはいけない」という自らの理解を内側から食い破っていくのである。

そろそろ本章を締めくくろう。以上では、知行不一致現象の原因を三つに大別した上で、それぞれについてさらに詳細に検討してきた。その結果判明したのは、いずれの場合でもその現象の原因は、意欲の欠如や意志の弱さ等々ではなく、基本的には認識や理解の中にあるということであった。

最後に、上記(A)〜(N)のケースはあくまでも理念型であるということに関して、一つ注意を促しておきたい。知行不一致現象の実際の原因は、上記で述べたものよりもおそらくはるかに複雑である。つまり実際の知行不一致現象は、それぞれの原因が単独でも起こりうるが、多くの場合はそれらの原因が複雑に絡み合って起こると考えられる。たとえば、（年少の）少年たちの「盗みをしてはいけないとわかっているけどしてしまう」という現象は、しばしば、(a)自己と他者が未分化であったり、所有や私有財産の概念が欠けているために「盗み」の概念が理解できていないこと、(b)その盗みという行為の結果についての認識や、その結果を実感をもって受けとめる力（共感力・想像力）が貧弱であること、(c)友人としての役割を演じたり仲間集団の期待に応えようとする観点（選好モード）に立って行為結果を選好すること、(d)何らかの抑圧にあえいでいること、等々のケースの輻輳した帰結なのである。もちろん、今ほど述べたいじめについても同様のことがいえる。

これらの事実は次章で論じる知行不一致現象への対応法をややこしいものにするが、そもそも人間は少なくともその程度には複雑なのだから、この点はやむをえないものとして覚悟するしかない。逆にいえば、そのような複雑さと格闘することに耐えられなかったり、「わかりやすさ」を追求するあまり事態を単純化しようとするほど、それだけ問題の解決からは遠ざかってしまうのである。

(1)　たとえば佐藤信夫は、嘘か否か判定のつきにくい言語表現をいくつか例示している（佐藤信夫「記号とうそ」筒井康隆編『日本の名随筆四一――嘘』作品社、一九八六年）。

(2)　矢野智司によれば、子どもたちの中の「けんか」と「遊び」（けんかの和解）はちょっとした状況の変化で一瞬にして変わりうる。たとえば、激しい口論には「これは〈けんか〉である」というメタ・メッセージが伴っているが、けんかの「儀式化」や言い間違い等の「ユーモア」を通じて、そのメタ・メッセージは「これは〈遊び〉である」に突然切り替わるからである（矢野智司『ソクラテスのダブル・バインド――意味生成の教育人間学』一九九六年、Chapter 1)。これを引き継いでいえば、当初は「いじめ」にほかならない行為が、いつの間にか「遊び」（和解）に変わってしまうことはありうる。そのとき、当人たち（〝いじめ〟をする側とされる側）からすればもはや「いじめ」ではなくなった行為が、第三者（教師や親など）にとっては依然として「いじめ」であることは少なくない。するとそこでも「いじめをしてはいけないとわかっているのにやっている」現象が生じるが、しかしこの場合、誤認にもとづいたその知行不一致現象を克服する必要はもはやないのである。

(3) 金沢大学『セクシャル・ハラスメント 防止のために』(二〇〇二年四月配布のパンフレット)より。

(4) ヘアは、道徳判断の「引用符的用法」(彼のいう「指令性」の欠けた用法)によって「意志の弱さ」が生じることを指摘したが(第1章・III・5)、それは基本的にこの(D)のケースに相当すると考えられる。

(5) この場合、たとえば「暴力をふるうな」と「ゴミのポイ捨てをするな」の二つの道徳原理を比べてみるときのように、選好体系によってではなく、行為の結果の重大さのゆえに一方を他方より深く理解しているのでは?、と考える人がいるかもしれない。だが、それはあくまでも人々が同様の選好(一定の常識的な選好)をもっていると仮定した場合にのみ成り立つ。そもそも、いずれの結果の方が重大かを決めるのは選好体系だからである。ちなみに、殴ってでもゴミのポイ捨ては止めさせなければならないと考える人(つまり暴力の結果よりもゴミのポイ捨ての結果の方が重大だとみなす特殊な選好をもった人)は、実際にもいないわけではないのである。

(6) この例は、アマーティア・セン(Amartya Sen)の次の文献から借用した。Sen, A., *Choice, Welfare and Measurement*, The MIT Press, 1982, pp. 80-81. 大庭健・川本隆史訳『合理的な愚か者——経済学=倫理学的探求』勁草書房、一九八九年、二五—二七頁。センは、「アクラシア」「意志の弱さ」の問題を、「選好順序」の考えを導入することによって解消しようとする。すなわち、「アクラシア」現象は、行為の諸結果に対する、道徳的見地からランクづけられた選好順序と、実際に自分がもっている選好順序とが異なる場合において、前者の選好順序を自分自身がもちたいと願っているのに、実際に自分がもっている選好順序を変更できないときに生じる、というのである。このような説明は、知行不一致現象の原因についての本書の(E)や(F)のケースと原理的には同一のものとみなすことができる。すなわち、選好のモードや選好の形成過程が多様であるために選好順序も実際にはさまざまであるが、自分が実際にもっている選好順序と自分が価値あるとみなす選好順序とのギャップによって、「すべきとわかっているけどできない」現象が出現するということである。

(7)　ヘアは「意志の弱さ」を、道徳原理や道徳判断はそれと競合する別の道徳原理や道徳判断に「優位する(override)」ことがある——それを彼は「道徳語の論理的特性」とみなす——ことを根拠に説明しようとするときがある（第1章・III・5を参照）。ヘアがそこで用いた事例は——道徳原理同士の競合ではないために意志の弱さの例とはいいがたいところもあるが——、自分の妻が大学の研究室の緋色のソファに置くようにと深紅色のクッションをくれたときに、「妻の気持ちを傷つけるべきではない」という道徳原理が「緋色と深紅色を並べて置くべきではない」という自己の美的原理に優位したという話であった(Hare, *Moral Thinking* 3.6)。そうしてみると、道徳原理や道徳判断の「優位性」(overridingness) によって生じるとヘアの考える意志の弱さは、特にここでいうⒺ～Ⓖのケースに相当するといえる。今あげたヘアの事例は、その中のおそらくⒺのケースといえるのであり、彼の好みが装飾の配色よりも人の気持ちを重んじる常識的な道徳哲学者のものであって、色の配置を何にもまして重視する芸術家のものではない、という事実を反映しているにすぎない。だとすれば、このケースを説明するためには、道徳原理の理解の構造を分析するだけで十分であり、「優位性」などという、面倒な問題を抱え込んでいる特性 (*Ibid.* 3.8) をあえて持ち出す必要はないのではなかろうか。

(8)　デイヴィドソンが「意志の弱さ」や「自制を欠いた行為」を、「因果的に最も強力な理由」と「行為に対する最も強力な（最上の）根拠を提供すると行為者自身が考えている理由」を区別することによって説明しようとするとき (Davidson, *Essays on Actions and Events*, p. xii. 邦訳、iv頁)、それはこのⒻのケースに相当するといえるのではなかろうか。ところで念のためにつけ加えておくと、「意志の弱さはいかにして可能か」(How is Weakness of Will Possible?) という論文の中でデイヴィドソンが可能であると考える「意志の弱さ」とは、ロケットモデルが前提とするような〝意志の弱さ〟ではまったくない。ロケットモデル的発想、すなわち「理性・情念」の二項対立や「理性・欲望・意志」の三項対立を前提とする発想については、彼自身が端的に「ばかげている(absurd)」と一蹴している（*Ibid.*, p. 35. 邦訳、四九頁）。そこで擁護される「意志の弱さ」とは〈行為者が自己の最上の判断に背いて行為すること〉という意味での「自制の欠如」にほかならず、それは、実践三段論法の論理によって「自制の欠如」の可能性を排除してしまっている（とデイヴィドソンが考える）ヘアやアリストテレスの議論に対抗して持ち出された概念だからである。デイヴィドソンは、ヘアやアリストテレスと（それゆえわれわれと）同様に、価値判断と動機や欲求の結合、および欲求と行為の結合の原則を認めた上で（第2章の註23および24を参照）、彼らとは反対に、いかにして「自制の欠如」が可能かを問うているのである。

（9）　レイノルド・ジョーンズ（Reynold Jones）が「意志の弱さ」をもたらす原因として考えている「自己欺瞞」は（Jones, R., "An Aspect of Moral Education," *Journal of Philosophy of Education*, 14-1, 1980, pp. 63-71）、道徳に対する不十分な理解によって生じると解することもできるが、仮に理解の基準をクリアする場合でも、この(F)のケースとして十分に説明できよう。

（10）　このIII・1では、人の選好は時間が経過しても変化しないことを前提に議論を展開した。しかし現実には、選好を形づくっている歴史的・社会的条件が流動的で不安定なものであればあるほど、その内容も変化しやすい。そのため、時間の経過と共に選好が変化することによって、かつてのある状況では道徳原理P^1と道徳原理P^2が競合した場合にP^1に従ったにもかかわらず、それと同様の今の状況では今度はP^2に従うということは十分にありうる。たとえば、かつては「会社の利益の最大化に尽くせ」という原理と「脱税をするな」という原理の競合の場面で、後者の原理を選択した人が、その後生活環境が一変することによって（たとえば会社での立場が変わることによって）選好も変化し、その結果として、以前と同様の原理同士の競合であるにもかかわらず前者の原理の方をより深く理解できるようになる（よってそれに従う）、といった事例がそうである。もちろん、そのような知行不一致現象の原因も、選好の内容の変化の仕方に応じてさらに場合分けが可能である（今あげた例は本文の(F)に対応する）。だが、これらの場合も知行不一致現象は「選好の不一致」によって生じることには変わりはなく、それゆえその現象への対応の仕方も(E)〜(G)の場合と同じなので、ここではこれ以上は論じない。

(11)　もちろん、(G)の知行不一致現象は単なる迷惑にすぎず、克服・解消すべきとする立場に立てば、(G)の諸事例もまた「自制心に欠ける」ものとみなされよう。要するに、「意志が弱い」「やる気がない」「自制心に欠ける」といった表現は、単に人の心理状態を記述しているのではなく、それ以上に人の心理や行動を道徳的に評価しているのである（III・1の(J)のケースについての説明も参照のこと）。

(12)　コールバーグが道徳判断発達段階の測定のために用いた有名な「ハインツのジレンマ」でハインツが経験したのは、この(H)か先の(G)のいずれかに相当する事例であろう。ハインツは、単に「盗みをするな」という原理よりも「生命を尊重せよ」の原理の方を深く理解していたか（(G)のケース）、この特殊な状況では自分の妻の命を助けるかもしれない薬を盗むことの結果は、いずれの関係者の立場からも受け入れられると考えて、いつもは従っている道徳原理から逸脱したか（(H)のケース）、のいずれかだと考えられるからである。だがこの二つの違いはけっして小さくはない。その違いは明らかに、「原理的思考か、それとも文脈依存的思考か」という、コールバーグとキャロル・ギリガン（Carol Gilligan）の間のよく知られた論争（ギリガン［岩男寿美子監訳］『もう一つの声』川島書店、一九八六年、を参照）に関係していると考えられるからである。

(13)　このとき、正確にいえば、道徳原理の存在がすべて忘れ去られているとは限らない。道徳的な義憤や怒りの場合がそうだが、そうした憤りや怒りもまた道徳原理（「いじめをしてはならない」等々）に訴えることによって生まれたものであるからだ。そこで忘れられている（一時的に棚上げされている）のは、憤りや怒りの直接的な発露を抑止するもう一つの道徳原理（「（怒りにまかせて）暴力をふるうな」）なのである。

(14)　J・O・アームソン、G・J・ウォーノック編（坂本百大監訳）「弁解の弁」『オースティン哲学論文集』勁草書房、一九九一年、三二九―三三〇頁。ちなみに、オースティンはここで、「誘惑に屈すること」は必ずしも「自制心を失う」ことではないことを主張している。なお、この話はデイヴィドソンもヘアも引用している（Davidson, *op. cit.*, p. 29. 邦訳、四〇―四一頁；Hare, *Moral Thinking*, p. 57. 邦訳、八六頁）。

(15)　Hare, *Moral Thinking*, p. 57, p. 60. 邦訳、八六頁、九〇頁。ただしヘアは、「道徳の休日」が生じるのは、非道徳的な指令が道徳原理に「優位する」場合と考えている（註7も参照のこと）。

(16)　仁平義明「からだと意図が乖離するとき」佐伯胖・佐々木正人編『アクティブ・マインド――人は動きのなかで考える』（東京大学出版会、一九九〇年）を参照。

(17)　同上論文、五九頁以下。

(18)　ここでいう心理的自由が奪われている場合と、ヘアがいう「心理的不可能性」によって「意志の弱さ」が生じる場合は基本的に区別する必要がある。ヘアはその場合の具体例として、誘惑に抗しきれずに苦悩している、オウィディウスの物語の中のメディアと「ローマ人への手紙」の中の聖パウロをあげるが（Hare, *Freedom and Reason*, 5.7）、その事例はむしろ(F)や(J)のケースに位置づける方が適切と考えられるからである。

(19)　影山任佐『「空虚な自己」の時代』日本放送出版協会、一九九九年。

(20)　いうまでもないが、そのような抑圧状況に置かれたらだれでも道徳原理からの逸脱（問題行動）に走ってしまうわけではない。まったく反対に、そのような状況からの脱出の試み（たとえば「自分探し」）が、ボランティアやその他の社会活動につながったり、芸術・文学・学問その他の創造的な試みにつながる場合もめずらしくない。抑圧と逸脱の間には、実際には複雑に絡み合ったさまざまな媒介要因が存在する。その意味で抑圧がどのような現象として現れるかは基本的にケース・バイ・ケースである。家庭環境、学校事情、友人関係、経済問題、等々が大きな影響をもっていることもあろう。だがその場合でも、それらの要因は必ずしも本質的なものでないことにここでは注意する必要がある。たとえば、家庭や友人関係の中で抑圧感の慰謝や中和（いわゆるガス抜き）が行われれば、逸脱は防ぐことができる。しかし、〝家庭に問題を抱えた〟子どもが逸脱に走りやすいという当の現象から、逸脱の原因は家庭にあるとする結論を引き出すような皮相な思考は厳に慎まなければならないのである。

第4章　理解を深める教育

Ⅰ　知行不一致現象への対応法

1　共同体実践に従事すること

知行不一致現象がなぜ生じるのかについての前章での説明枠組みにもとづけば、その現象に教育はどのように対応すべきなのだろうか。この章の前半部では、知行不一致現象を克服すべきものとそうではないものに区別した上で、克服すべきものに対してはそれを克服するための、あるいは克服すべきでないものに対してはそのようなものとして適切に対応するための教育の基本原則を提言してみよう。いうまでもなく、いずれの場合も心情（感情・意志・意欲等）ではなく、理解や認識に根ざした対応である。さらに後半部では、そのことを踏まえて、心情主義的な道徳教育論の抱える問題点をさまざまな角度から明らかにしてみたい。

いろいろなタイプの知行不一致現象にそれぞれどのように対応すべきかについて論じる前に、この問題をめぐってぜひとも踏まえておかなければならない一つの重要な前提をまず確認しておこう。知行不一致現象の多くは、前章I節で述べたような意味での道徳についての未熟な理解によって引き起こされると考えられる。だが、未熟な理解から深い理解へと導いていく教育は、あらかじめ決められた時間・場所における教師という特定の役割に導かれた教育（学校教育のようなとりたてての教育）である必要は必ずしもなく、まず何よりも日々の生活の中に埋め込まれていなければならないということである。

道徳原理を理解するためには、禁止（あるいは推奨）されている行為（一般的な行為概念）には具体的にどのような行為が該当し、それがどのような状況でどのような事態を一般にもたらし、その事態がどのような意味で望ましくない（望ましい）かを、実際の状況の中で個々の実例を通じて身をもって知ることが必要である。そのさいに欠かせないのが、他者による導きである。

ここでいう他者とは、具体的な特定の誰かである必要はない。たしかに、親、親方、師匠、兄弟姉妹、兄弟分、先達等々、身の回りにいる特定の人物が直接に教示・示唆してくれる場合は少なくないし、実際に会ったことのない現在や過去の特定の人物が、口伝えの話や書物を通じて導いてくれることもめずらしくない。だがそれ以上に、他者とは同時代や過去の無数の（しばしば無名の）人々のネットワークを指しているからだ。もっといえば、この他者には、その人の考え方や行動だけでなく、その人が関わっているモノや出来事、すなわちあらゆる種類の制作物や道具や行事・儀式といったものも含まれる。したがって、他者に導かれるとは、自己の活動の中に他者やその他者の関係するモノ・コトが入り込んでくることによって、当該の行為やそれがなされる状況やそれがもたらす結果に自己の注意や関心が向けられるようになり、それがどのような意味で望ましい／望ましくないのか、その価値づけの仕方を知らず知らずのうちに身につけていくということである。

要するに、道徳原理について深い理解に達するためには、その道徳を身につけている人々と活動を共にすることによって、彼／彼女らのものの見方や感じ方、つまり関心や態度や善といったものを自己の認識枠組みの中に組み入れることが必要不可欠なのである。関心や態度や善を他者と共有するようになるその活動を実践ないしは共同体実践と呼べば（3章・Ⅲ・3も参照）、深い理解とは、そのような共同体実践に従事することによってこそ可能になるのだ。

それゆえ、生活が共同体実践によって満たされていれば、人は生活の中で自然に道徳について理解し、実行していくことになる。共同体実践に携わることを通じて深い理解に至ることこそが、たとえ時間がかかろうとも知行不一致現象を起こさないための最も効果的な教育なのである。たとえば、「真理をねじ曲げてはならない（たとえば私利私欲を真理に優先させてはならない）」という学問上のモラルは、そのような命題がどこか特定の場で教え込まれるというよりも、学問に従事する先達の書物や論文を読んだり、彼／彼女らと共に実験や調査を行ったり、共に議論や雑談をしたり、といった過程を積み重ねていくことによって自然に身についていく（もちろん学問が金銭や地位や名誉の獲得の手段に堕落していない限りでの話だが）。「人を殺してはいけない」という基本的な道徳原理についても事情は同じである。衣食住などの生活の基本的実践や仕事や遊びに日々携わる中で、生きなければならないことや、生きることの愛おしさ・喜びをつねに実感することができれば、たとえ辛い目・苦しい目に会うときがあったとしても、人は自然に自分自身や共同体の他の人々の生を肯定しようとするようになる（少なくとも安易に否定しないようになる）。そのときその人は、だれからも教えられなくても「人を殺してはいけない」ことを理解し、実際にもその通りに振る舞うのである。(1)

伝統的社会において、学校で教えられるわけでもないのに道徳が世代間でしっかりと受け継がれてきたのは、道徳を深く理解するための場としての共同体実践が豊富に用意されていたからだといえる。かつての日本社会では「家庭のしつけがなくても村社会が子どもをしつけてくれた」(2)のも、さまざまな共同体実践が生活の中に満ちあふれていたからだと考えられる。いいかえれば、この共同体実践が希薄になれば、「親は無くとも子は育つ」といった従来では当たり前のことも成り立たなくなるし、道徳についての未熟な理解のために知行不一致現象も頻発するようになろう。

ちなみに、とりたてて教えられることなく共同体実践のみを通じて深い理解に至った場合、逆説的だが「わかっていないけどできる」現象が生じることが少なくない。つまり、理解が暗黙知のレベルにまで深まったまま反省の対象になることがなく、その道徳原理に従うべきことが自明になってしまったら、皮肉にも「その行為がどのような状況でどのような事態を一般にもたらし、その事態がどのような意味で望ましくない（望ましい）か」をもはやことばで説明できなくなる。「人を殺してはいけない」という道徳原理に関していえば、「なぜ人を殺してはいけないのか？」と問われても、ことばに窮し、「当たり前じゃないの！」としかいえなくなるのだ。というのも、その人が理解しているのは、生きなければならないという端的な事態の積み重ねや、生そのものに対する理屈抜きの愛おしさ（それが永遠に奪われることへの恐れ）の全体にほかならず、「なぜ医者は注射針を毎回換えなければならないか？」という問いに対する答えのように、一連の限定された事態への反省的な価値づけではないからである。

さて、以上のことを踏まえるならば、道徳についての深い理解へ導くためには、まず何よりもそれにふさわしい共同体実践を生活の中に用意しなければならない。しかも、科学技術が飛躍的に進歩し、環境倫理、情報倫理、生命倫理等々に関する新たな道徳原理が必要になっている現代社会では、伝統的社会のように既存の共同体実践に頼るだけでは不十分であり、新たな共同体実践を創り出して、それを意図的に生活の中に組み入れることも必要になってこよう。

だがここで一つの重要な問題が生じる。生活の中に共同体実践を用意すれば、それだけで深い理解に達するようになるのだろうか。今日の社会ではおそらく、それはかなりむずかしいであろう。というのもこの社会では、目的や手続き的ルールに合理的に方向づけられた行動様式が広がることによって、共同体実践なるものは後景に追いやられがちであり、さらには科学技術や知識の急速な進展によって新たな種類の行為が次々と生じ、それについての新たな解釈（価値づけ）がたえず迫られている（その結果として生じたのが環境倫理・情報倫理・生命倫理等々である）。そのため、生活の中で自然に深い理解が育まれるのを待っているだけでは、不十分であったり間に合わなかったりすることが少なくない、と考えられるからだ。

だとすれば、道徳について理解を深めるためには、生活の中で共同体実践に従事することを基本的前提としつつも、それを補うものとして、学校教育や社会教育の場でのとりたてての教育もまた重要な役割を果たしうるといえよう。つまり、理解のどこにどのような問題点があるかを自覚的に洗い出し、その問題の解消をめざしてことさらに行われる道徳教育が必要だということである。以下で論じるのは、そのような意味での知行不一致現象への対応法である。

2　基本的な型

ロケットモデルに従えば知行不一致現象は、認識を行為へと導くための心的エネルギーの不足（意欲や自覚の欠如）や、〈反道徳的力〉に抗う意志や精神力の弱体化によって説明される。しかし、本書でのこれまでの分析に従えば、この現象はいかなる場合でもそのような原因によって生じるのではなかった。それゆえ、この現象が克服されるべき場合でも、当然のことながらそれは意志を強くしたり意欲を高める等の方法によっては克服できない。ではどのような方法に拠らねばならないのか。まず最初は、知行不一致現象を克服する場合に教育がとるべき対応の基本的な型について説明しよう。いうなれば、道徳的行為能力形成論の中に認識形成の問題を正当に位置づけることである。前章で論じたケースごとに対応の基本原則を提示してみたい（以下、冒頭のアルファベットとケースの内容の関係は、前章と同じ）。

(A)　行為概念や行為の禁止・推奨の理由についてことばでしかわかっていない場合には、この現象に対応する側が、「言語を操れたり実際に行動できたりすること」と「理解すること」を同一視する誤った認識論（言語主義や行動主義の認識論）から脱却することがまず必要である。知識を表現した命題を正確に再現できたり、それに対応する行動を実際にとれたり、記号・道具を指示通りに操作できたりすれば「わかっている」とみなす考え方があまりにも皮相であることを自覚し、それを放棄することによってはじめて、(B)以下のケースとして対応法を論じることが可能になるからだ。この(A)の場合、知行不一致現象を克服するためには理解をどのように深めればよいのかを論じる前に、理解することへ向けて一歩を踏み出すことが必要なのである。

ちなみに、道徳原理を述べた命題を自ら再現できる程度の〝わかり〟方が必ずしも行為に結びつかないのは、テストでことばを再現〝できる〟けれども意味が〝わかっていない〟ために、学んだ科学的概念や法則を、学んだときとは異なった場面や現実の世界で応用できないことと本質的に同じである。いずれの場合にも、知識を本来の意味で理解してはいない。つまり「本当はわかっていないからできない」にすぎないのだ。その限りでは、宇佐美寛がかつて指摘したように、[3]知行不一致現象の多くが、日本の学校教育を貫く言語主義的な教育システムがもたらす構造的な病弊の一変奏であることは間違いない。

(B)　行為概念を抽象的な規則の体系として理解しているが、その規則体系が部分的に間違っている場合には、行為概念の正しい理解力を育てることが必要になる。ある振る舞いがどのような行為に当たるのかを理解するときに準拠する規則体系を、正しいものに改めるということである。

この場合、あまりにも複雑なその正しい規則を規則として取り出して、間違った規則体系と一つひとつ取り替えていくというやり方は、どう考えても不可能である（そんなことになったら、サールによって解明された例の頭の痛くなるような文（第2章・I・2）が膨大に必要になるし、それらを逐一子どもたちは理解しなければならないことになる！）。ではどうすればいいのか。幸いなことに、行為を理解し始めようとした途端、人はたとえ誤っているにせよ何らかの行為理解のためのコードを持ち始めている。そのコードは最初から、外から与えられるものではなく、自らつくりだしていくものなのだ。だとすれば、ここでの問題は、行為理解のための正しい規則をいかに一つひとつ習得させるかではなく、どのようにすれば行為理解のための誤ったコードを正しいものにつくりかえていくことができるか、である。

もう一つここで注意すべきことがある。その抽象的な規則体系は単にもっているだけは不十分であり、それを具体的な状況に適用し、実際にはたらかせることができなければならないということである。そしてそのためには、その規則体系を個々の実例に一つひとつ関連づけなければならない。形式論理的に考えれば、これは想像を絶するほどに複雑な課題である。

だがここでも幸いなことに、人は行為理解のためのコードと具体的な実例を別々に学ぶことはできない。というのも、実例の中から産み出された（仮説的に構成された）行為理解のコードによって新たな行為の理解は可能になり、新たな実例を通じて行為理解のコードは変容（修正）されていくからである。たとえばここに、ふざけあっている何人かの子どもたちがいるとしよう。みんながその中の一人の男の子に何ごとかを命じている。その男の子は笑顔を浮かべながらそれに応じている――。この様子を見ていた人（たとえばその男の子以外の子どもたち）が、これまでの経験の中から得られた行為理解コードに照らして解釈すれば、その振る舞い＝「ゲーム」はまさに「遊び」以外の何ものでもない。だが、その男の子が家に帰った途端、母親の前で泣きながらその「ゲーム」の辛さを訴えたとしよう。そのことを知ると、今度はその実例が既有の行為理解コードを変容させ、先の人は当の「ゲーム」を「遊び」ではなく「いじめ」として理解するようになる。つまりそこでは、いじめや遊びについての従来の理解コードがより正確なものへと修正されたわけである。

このように実例の中で状況の関連する要素を反省的に吟味することのみが、行為理解のための既存のコードを修正させうる。そうであれば、行為概念の正しい理解力の形成は、実例を通じてこのような行為理解の試みを不断に続けること以外にはありえない。そこで必要になるのは、適切な実例をさまざまに用意することであり、さらには各々の実例の差異（隠れて見えにくい部分）に目を向けさせたり、実例解釈の間違いを指摘するといった意味の教育的援助だといえよう。

(C)　行為の禁止や推奨の理由がよくわかっていない場合には、その行為がもたらす結果、つまり関係者に与える心理的・物理的影響がどのようなものであるかについて、正確に認識させることが必要になる。すなわち、行為の結果を空間的により広範囲に、あるいは時間的により先の未来まで見通す力や、隠れて見えにくい結果を暴き出す力をつけることである。そのためには、問題状況の分析（関係者の確定など）や行為結果の予測に貢献してくれる知識（自然科学・社会科学・人間科学の成果としてのさまざまな種類の法則・概念）や、個々の状況に関する正確な事実・情報が必要になることはいうまでもない。そうであれば、その種の知識を各教科で学んだり、必要な情報を手に入れたりした上で、それらを実際の場面で利用してみることこそが、行為結果についての認識能力を高めることにつながっていくといえよう。(4)

もっとも、行為結果の正確な認識に必要なのはこれだけではない。当の状況にとって何が適切《レリヴァント》かについて一定の前理解がなければ、行為の結果を追跡することそのものが不可能になる。たとえば、他人の家の塀を乗り越えて盗みに入る人について考えてみよう。もしそのような前理解がなければ、その行為に伴う多様な諸結果、すなわち心拍数を高める・発刊作用を促す・服が汚れる・草を踏みつける・他人に恐怖を与える・他人の物を自分の所有物とする等々の中のどれに注目すべきか、その人には全然わからないはずである。仮に塀を乗り越えて、踏みつけた花のことばかりが気になる人がいたら（その意味で不適切な前理解をもっていたら）、どれほど高度な行為の予測能力をもっていたとしても必要な行為結果が認識できず、すぐに捕まってしまうであろう。同様に、ある種の物神崇拝《フェティシズム》に陥り、特定のモノに異様な愛着を示す人は、どれほど高度な行為の予測能力をもっていたところで、自分の行為が他人に与える影響についてはまったく思いが及ばないかもしれない。

選好のモードもこの前理解と同様のはたらきをすることがある。選好のモードは、行為の結果をどれほどの社会的広がりにおいて認識できるかということと深く関係している（第2章・II・1）。そのため、自己の利益になることを選好する傾向をもっている人には、行為の結果が自分に与える影響についてはとりわけ敏感であっても、自分と縁遠い人々に与える影響についてはまったく無頓着になるかもしれない。誇大な〝自尊〟感情をもった人は何の根拠もないのに「自分だけは危ないことをやっても大丈夫（自分にだけは危険な結果は及ばない）」と思いがちであるが、そのような人もまた自分と他人に与える影響を公平にながめることができない。

そうであれば、道徳原理の理解に際して行為の結果を理解するためには、自己への関心と同様に、他者の存在への関心をもっていることが必要不可欠になる。そのような関心は、共同体実践があふれていた社会ではおそらく自然に培われたであろうが、それが多少なりとも失われつつある現代社会ではうまく育たない可能性がある。そのような社会では、行為の結果について認識を深めるためには、さまざまな他者について、彼／彼女らの心理的・物理的状態への関心を養うことが改めて必要になってこよう。その場合に大事なのは、それ用の「道徳」授業を特別に設けることよりも、まず日常生活の中に共同的活動を意識的に導入することである。「ねらい」となる道徳的価値に従って他者の心理的・物理的状態をでっちあげること（「わるいことをして悲しい気持ちになった」「助けてもらってうれしかった」などと〝正しい答え〟を述べること）を勧めるのではなく、(5) 自分と思いを異にする人々と日常的に接し、その違いを具体的に理解し、その違いに無関心ではいられないこと（さまざまなやり方で考慮しなければならないこと）を肌身で感じ取らせることである。さらに、そのような活動をベースにしつつ、自分の身の回りの世界を超えて、より広い社会の人々への関心を促すことである。

さらにいえば、「実際的なものや世俗的なものから超越した崇高なものこそが道徳である」とか、「道徳的であるためには道徳原理をそのまま尊重すればいいのであって、行為の結果なんか関係がない」と考えている人にとっては、道徳原理を理解するために行為の結果を理解しなければならないとする発想そのものが受け入れがたいかもしれない。そのような人々が行為の結果についても考慮するようになるためには、「物象化的錯認」（第2章・Ⅰ・1）をめぐる哲学的問題を解決することが必要になろう。

(D)　行為の禁止や推奨の理由（行為の結果）のもつ（肯定的あるいは否定的な）価値がわかっていない場合には、その行為が関係者に与える心理的・物理的結果を実際に是認したり否認したくなるように、その行為結果に主体的にかかわらせることが必要になる。ゴミで汚染された環境がどれほどひどく、差別されることがどれほど辛いか（よって回避すべきか）は、百万言を費やすよりも、実際に自らそのような境遇に置かれてみる方がはるかにわかりやすい。したがって、そのような理解のために最も手っ取り早い方法は、同様もしくは類似の影響を直接に体験させてみることによって、行為結果を切実なものとして味わわせたり、身にしみて実感させることである。(6) それが現実的に不可能であったり倫理的に問題がある場合には、当事者と話し合ったり、映像等を通じて間接的に体験させることでも構わない。これらのことを考えると、「自ら苦しんだことのある者のみが人の痛みを理解できる」という人生訓には間違いなく一定の真理があるし、不幸にして辛酸をなめさせられるばかりの人生を送ってきた人も、その意味では大切なものを授かっているのである。

しかしながら、体験（直接体験・間接体験）を通じて当事者の心理状態（他者の価値づけ）を知るという方法には少なからず限界がある。そこで用いられているのは「類推を通じた共感」や「感情移入」という方法であり、同様の立場に自ら身を置いてみることによって確認できた自己の思いを他者へ投影することである。だが、この方法は、意味世界を共有している人々の間でしか通用しない。ごく身近な経験をふりかえるだけでもわかるが、同じ体験をしても同じような思いを抱くようになるとは限らない。同じ本・音楽・映画に接しても、大きな感銘や感動を受ける人もいれば、まったくつまらないと思う人もいる。ジェットコースターや空中ブランコに興奮と陶酔を感じる人もいれば、恐怖しか感じない人もいる。先にもふれたように、いじめられる体験を通じて、いじめのひどさに忸怩たる思いをする人もいれば、このような辛さこそ人に味わわせてやりたいと思う者もいる。体験によって他者と同じ実感を得ることができたとしても、その他者と同様の価値づけまでできるようになる保証はどこにもないのだ。

一般に、意味世界が自分とは根本的なところで隔たっている他者、いうなれば「生きている世界が全然違う」他者を理解するのは、共感によって自分が相手になりきろうとする方法によってはもはや不可能である。たとえば、高度経済成長期以降に生まれた日本人が絶対的貧困に置かれている人々の気持ちを理解することや、豊かな「北」側の人々が貧しい「南」側のテロリストの考えを理解することや、常識人として生活している大人が猟奇的な殺人を犯す少年の気持ちを理解すること等々は、感情移入や自己投影によってはまず不可能である。もっと身近なところに目を向ければ、健常者がアイマスクをし白杖を持って道を歩いてみたところで、（単に視覚が損なわれているのではなく）独自の知覚体系を発達させている視覚障害者の路上での立場を理解できたとはいいがたい。

かくして、行為が他者に与える影響の理解については、体験や共感を通じた理解を包摂しつつも、それを超えたより一般的な方法が必要になる。一言でいえば、他者が置かれた状況の事実、およびその背後にある諸々の意味連関の全体を総合しながら、他者の価値づけを再構成することである。すでに述べたように、理解とは、理解主体が置かれている状況（言語的―社会的実践にまつわる意味連関）と理解対象を取り巻いている状況を融合させることであった（第2章・III・1）。そのことを踏まえていえば、他者の苦しみを理解するとは、単にその人々の辛さを自分なりに（自分勝手に？）推し量るということではなく、その苦境がどこから生じ、その人々がどのような意味で苦しいと感じているかについて、彼らの境遇の背景にある物質的・観念的諸条件を自分自身のもっている同様の諸条件と（感情や身体のレベルにまで降りつつ）関連づけながら、改めて構成してみることにほかならないのだ。そのためには、それらの人々と直接的あるいは間接的に対話することが最も有益な手がかりとなろう。すなわち、一緒に生活してみたり、彼らのさまざまな声に直接に耳を傾けることによって理性的対話に尽きない会話をすること（直接的対話）や、それらの人々の個人史、置かれた状況、共同体や社会の歴史などの直接には見えない諸々の意味連関を諸学問の成果に

も依拠しつつあぶり出していくこと（間接的対話）である。(7)

自己と他者の隔たりが大きい場合、他者理解は他者の生活の歴史的背景や社会的基盤の全体をふりかえるようなものとなり、きわめて高度な知的作業となる。融合させる意味連関には身体感覚や美的関心や価値観等々も含まれているので、理解に際しては「頭」だけでなく身体や感情の全体を用いる必要もある。よって時間もかなりかかるであろう。けれども、これからの社会では、「地平の融合」としてのこのような他者理解の方法が次第に脚光を浴びることになろう。なるほど現在でも、そのような方法に拠らなければ理解できない道徳原理はけっしてめずらしくない。たとえば「男子厨房に入らず」といった教えを受けてきた人々にとって、男女の家事分担を命じる道徳原理は女性の立場に感情移入したり共感するだけではおそらく理解できないであろう（そのため実際に家事を押しつけられている当の女性でもその原理はしばしば理解できない）。だが、新しい社会的条件（テクノロジー・家族形態・労働形態等々）がさまざまに出現したり、地球規模での人的交流がますます盛んになるこれからの社会では、なぜ従わなければならないかが感情移入的方法によってはもはや理解できない道徳原理は、今後いっそう増えていくと考えられるからである。

ちなみに、道徳原理について理解することがこのような非言語的な層を多様にもっているからこそ、ことばによる「説得」は、それに従うべき理由をどれほど真摯にかつわかりやすく説明しようとも、失敗に終わることがめずらしくないのである。

(F)　正当とはいえない選好体系をもっている人が、正当な道徳原理よりも正当でない道徳原理の方をより深く理解しているために生じる知行不一致現象においては、今ほど述べた実感と価値づけの間にはっきりとした裂け目が入っている。すでに用いた例でいえば、ゴミの不法投棄がもたらす環境悪化のひどさも、それが是認できないこともよくわかっているが、不法投棄が自分や自分の会社に大きな利益をもたらすとき、自らの正当とはいえない選好モードが原因となって、その環境悪化のひどさを自覚しつつそれを是認してしまうといった事態であった。したがってこの場合は、正当でない道徳原理よりも正当な道徳原理の方をよりよく理解できるよう、選好体系を正当なものへと改めていくこと——そこにはより広範囲の他者を当事者として視野に入れるようになることも含まれる——が必要になる。

そのためには、次のような意味の認識能力の発達や理解力の形成が必要になる。(a)この選好のモードに似たものを道徳的推論のモードと呼び、その発達のメカニズムについて実験的に検証しようとしたコールバーグらの知見を（第2章・II・1で述べたような疑問を抱きつつも）援用してよいとすれば、選好モードを正当なものにするためには、論理—数学的推論能力の発達および役割取得能力の発達が必要不可欠である。(8) (b)支配的権力に侵蝕されている選好をそうとはいえないものに改めていくためには、自らの選好を侵蝕している支配的権力について、それは具体的に何であり、どこにどのような問題があり、どのような歴史的・社会的制度を通じて選好に影響を及ぼしてきたかについての批判的な認識が必要になる。(9) そのさい、歴史学的・社会学的・人類学的・経済学的・政治学的等々、あらゆる領域の知見が必要になってくることはいうまでもない。しかし何よりも大切なのは、それら支配的権力が発動する場となっている現実の歴史的・社会的諸制度や条件を——それらは物質的な形態をとることもあれば観念的な形態をとることもあろう——少しずつでも組みかえていくことである。

3　克服すべきでない知行不一致現象

次に論じるべきは知行不一致現象を克服する場合のその他の型であろうが、前章で述べたアルファベットの順番におおよそ沿いながら話を進めるために、克服すべきでない知行不一致現象に対する対応の基本原則の方を先に取りあげることにしたい。

(E)　生育史の違いや文化的差異を反映して特定の選好体系をもっている人が、ある道徳原理よりも別の道徳原理の方を深く理解しているために生じる知行不一致現象は、基本的に道徳教育の課題にはなりえない。この場合、(実際に従っている) ある特定の道徳原理の方を深く理解してしまう自らの選好体系と、(従うべきとわかっているが従っていない) もう一つの道徳原理を支えている選好体系のいずれが正当であるかを決めることはできない。この場合の「わかっているけどできない」現象は、異なる生活環境の中で異なる選好体系が形成されてきたことを映し出しているにすぎない。だとすれば、その知行不一致現象は必ずしも克服すべきものとはいえないからである。それはむしろ、異文化の尊重や人間の思想・信条の自由の尊重というもう一つ別の道徳的問題に関わるといえよう。

(G)　正当な選好体系をもっているために、正当でない道徳原理よりも正当な道徳原理の方をより深く理解している場合は、知行不一致現象を克服しようとすること自体が明白に反道徳的になる。むしろ道徳教育としては、社会一般の人々が正当ではない道徳原理に従っている場合には、他者の熱い（しかし誤った）期待やそれに伴うサンクションのもたらす圧力に屈することなく、「わかってはいるけれどもあえてしない」態度を貫かせることが本質的に重要である。つまり、正当な道徳原理についての理解をいっそう深め、自らの理解を反省的に捉えることによって周囲の人たちへの説明責任を果たしたり、そのような理解を周囲の人々にも広げようとしていくのを支援することである。

(H)　正当な選好体系をもっている人が道徳原理に従うことから生じる特殊な結果を例外的に選好しない場合も、(G)と同様に、知行不一致現象を克服しようとすることが反道徳的になる。そこでは、知行不一致現象を通じて（つまり特殊な状況での特殊な結果の出現に対応して）、道徳原理に適切な例外が設けられ、その原理の内容はより豊かなもの、つまりより精緻で柔軟性や適応力のあるものへと修正されていっている。だとすると、道徳教育としては、道徳原理をそのように修正していく能力をむしろ積極的に奨励し支援すべきだからである。[10] 逆説的だが、既有の道徳原理の拘束力に隷属しているために(H)や(G)のような知行不一致現象に踏み切れない人こそを、むしろ「意志の弱い」人——もちろんその実態は道徳原理についての理解に欠けた人だが——と呼んだ方がいいくらいである。

もっともここでは、例外を設けざるをえないような特殊な状況がなぜ生じたかも、考慮すべき重要なポイントになる。そのような特殊な状況が客観的諸条件の変化によって生じ、かつその変化がそれ自体で問題をはらんでいるのであれば――先述の例でいえば末期ガンの患者に病名告知できないことがたとえば医療制度や保険制度の問題に由来しているのであれば――、その諸条件の変革こそがまず何よりも必要となるからだ。

さらにつけ加えれば、判断者の選好体系がたとえ正当であったとしても、道徳原理に例外を設けざるをえないという判断そのものが誤っている可能性もある。つまり、状況認識（つきつめれば行為結果の認識）が間違っているために、本来ならば例外を設ける必要のないところで例外を設けてしまう可能性もあるということだ。そのような知行不一致現象に対しては、(C)のケースと同様の対処が必要になってくることはいうまでもない。

4　その他の型

(1)　正当とはいえない選好体系をもっている人が道徳原理に従うことから生じる特殊な結果を例外的に選好しない場合は、道徳原理に例外を設けその内容をより豊かなものにしようとしている点に限っていえば、(H)の場合と同様に望ましい。したがって、その意味ではこのような知行不一致現象は単に克服されるべきではないといえる。だが、例外を設けるときのそのやり方が適切でないことは問題である。そのため道徳教育としては、選好のモードや選好の内容の改善をめざすべきということになる。そうであれば、その場合の道徳教育の課題は、先の(F)の場合と基本的に同じになろう。

(J)　特殊な状況において道徳原理の理解が一時的に棚上げされるために生じる知行不一致現象については、問題はかなり複雑である。先に行った二つの区別に沿いながら対応法を考えてみたい。

①　最初は、行為のもたらす結果の訴える力があまりにも強烈なために、道徳原理のことを考慮する間もなく是認や否認の価値づけをしてしまう場合について。行為のもたらす結果の訴える力に率直に反応して、その行為を直接に是認したり否認したりすることは、必ずしもわるいことではない。それは、行為の結果を切実なものとして実感する能力、すなわち感受性や感応力が高い証拠であるし、計算高い自己保身のために感受性や感応力を犠牲にしようとすることでもないからだ。直情径行はあまり誉められたものではないが、無反応や無感覚が不気味に広がりつつある現代社会では、このような感受性はむしろ積極的に育成すべきだともいえよう。そのことを考えれば、この場合の知行不一致現象には克服する必要がないものも多く含まれているといえる。

克服する必要が出てくるのは、その知行不一致現象が（正当な道徳原理から見て）明白に悪い結果をもたらす場合である。そのとき道徳教育としては、その人にその行為（の結果）のもつ「訴える力」の衝撃に慣れさせるなどして、今後は同様の事態を引き起こさないようにすることが必要になってこよう。そのとき、その「慣れること」にある種の認識能力が貢献することにも注目する必要がある。たとえばある種の逸脱行為に対して怒りの暴力が向けられるとき、その義憤や怒りは逸脱の背景についての無知や誤解から生じてくる場合が少なくないからだ。そのような教育が成功するまでの間は、その「訴える力」が収まってくるまで（平たくいえばカッとなった頭が平静さを取りもどすまで）、他者が一時的にその人の身体を拘束してでもその現象の発生をくい止めるしかないときもあろう。

厄介なのは、このケースが前章（Ⅲ・3）で述べた透明な抑圧と結びつくときである。現実感覚が希薄で他者からも孤立している者が、社会への憎悪や敵意を溜め込んだあげく、自己信頼の欠如をそのまま裏返したかのような（および私的満足の要求主体につきものの独善をそのまま反映したかのような）脆弱な〝自尊心〟を傷つけられたときに、「カッとなって」暴力に訴える場合である。特にそれが重大な犯罪につながるとき、対応の仕方を一般的に論じるのが無謀であることはいうまでもない。その場合には、行為の「訴える力」への感受性を問題にするのはむしろ的はずれであり、他者や社会との関係、自己のあり方、社会の構造、等々の問題を一つひとつ解きほぐしていくしか、解決への道はないであろう。

②　次に「道徳原理の理解を一時棚上げしても状況には重要な影響を与えない」と考えられている場合についていえば、この場合も、必ずしも問題だとはいえない。道徳原理の理解に特別な労力が必要になる社会では特に、肝腎なときに道徳的理解をいいかげんにしないためにも、時には「道徳の休日」が必要になろう。どれほど正当な道徳原理であってもけっして万能ではなく（(H)のケース）、また虚偽的な側面もつきまとうことを考慮に入れると、正当な道徳原理への一方的な信仰を

戒めることも時には必要になる。正当な道徳原理を相対化するためにも、理解の棚上げは時に有益であろう。

もちろんこの場合の知行不一致現象も、それによって悪い結果がもたらされるようなときには克服すべきものになる。そのときは「その行為は状況に決定的な影響を与えない」とする状況判断こそが訂正されなければならない。

①②のいずれにせよ、実際に生じる知行不一致現象について、克服すべきものかその必要がないものかを判断する際には、かなり高度な知的能力が必要になることは間違いない。そして最終的には（たとえ事後的にであれ）各人がその判断をしていかなければならないことを考えると、この高度な知的な判断力をつけさせるのでなければ、知行不一致現象を克服する場合でも肝腎なものが抜け落ちることになろう。

(K)　スリップ現象については、スリップの種類や内容ごとに対応はいくぶん違ってくると考えられるが、一般的にいえば、行為の自動化がゆきすぎないように（休息をはじめとして）行為の恒常的な流れをさえぎるものを適宜設けたり、単純な行為の急速な反復を避けたり、同時に多くのことをしない、などの対応が必要になってこよう。この現象への対応も基本的に人間の認知システムの問題であることはいうまでもない。

(L)　道徳原理に従って行為する身体的自由や心理的自由が奪われているために生じる知行不一致現象の克服は、基本的には道徳教育の課題ではない。その現象の原因が明白に原理の理解の外部にあるからである。ただし、心理的自由が奪われている場合には、道徳教育固有の課題ではなくても、教育の課題となる場合はありえよう。先にあげた交通事故の例でいえば、そうした異常なケースに慣れることによって精神的ショックを軽減することは教育の課題になりうるからである（たとえば看護師や救急隊員の場合）。

(M) 道徳原理を実行するための具体的な方法に関する知識や経験が欠けている場合には、いうまでもなく、個々の事例ごとに必要な道具・手続き・戦略に関する知識を与え、それを実際の場面で用いながら実践的な訓練を積むことに尽きる。

(N) 道徳原理が命じる行為と矛盾する行為を引き起こそうとする強い外的誘因があるために生じる知行不一致現象については、同時に道徳原理についての理解が未熟である場合が少なくないために、(A)〜(D)と同様の対応法を採ることも必要になろう。けれども、それ以上に必要なのは、「問題行動」に至りがちなこの知行不一致現象を引き起こす外的誘因、つまりその現象を起こす人々に向けられた抑圧を取り除く（少なくとも軽減していく）ことである。すなわち、生きている実感や自己への信頼を奪い、無力感や疲労感を日々植えつける一方で、いじめ・暴力・万引き・覚醒剤・売春等々の行動を通じてしか自己の存在や有能感を感じられないような現在の社会構造——娯楽・レジャーから学校・家庭教育まで広範囲に関係する——を改善することである。(11)

社会の問題構造を改革していくためには、まず当の子どもたち自身が自己を抑圧し苦しめるものについて理解を深めることが必要であろう（それだけでも得体の知れない抑圧感のいくらかは軽減されよう)。さらには、こうした現状についての正しい知識および改革に必要な知を、改革に直接に責任をもつ側(大人たち)はもちろんのこと、将来的には改革を直接に担うはずの当の子どもたちも、もつことが必要である。[12] もちろんそれは改革のための最初の一歩にすぎない。いや準備運動のようなものでしかなく、最初の一歩ですらないかもしれない。けれども、そのような知を踏まえて、ここでいう「理解を深める教育」を押し進めることは――それは明らかに「透明な抑圧」を生み出す社会構造に抵抗する――、そのような改革のための一つの重要なきっかけになると考えられるのである(第5章・IIIを参照)。

ところが、この種の問題行動＝知行不一致現象をめぐって今日採用されつつあるのは、抑圧を取り除こうとすることではなく、管理・監視や処罰の強化という形で現状の抑圧の壁をさらに高くすることである。もちろんそうした対応策は新しいものではなく、むしろ社会的逸脱についての次のような伝統的見解に深く根ざしている。そこでここでは、その伝統的発想が抱える問題点も改めて確認しておこう。

伝統的な見解は、青少年の問題行動の原因について、父権の解体と相対主義的な許容社会の出現によって超自我的な抑止や抑制の壁が取り払われ、自己の本能や欲望がむき出しになったからだ、と説明する。そのため、問題行動を防ぐためには、当人を社会の現実から引き離し、その欲望や本能の奔流に枠をはめ、自己抑制力をもった生き方へと教育によって合理的に方向づけなければならない、とするのである。

けれども、このような説明は実は、知行二元論や知・情・意の三分法の解釈図式（第1章・I・2）を自明の前提とすることによってつくられた一つの素朴な物語《フィクション》にほかならない。その物語は、「自己抑制力を強化すべきか、それとも欲望の充足を尊重すべきか」とか、「大切なのは義務や権威か、それとも子どもの権利や自由か」、「父性原理か、それとも母性原理か」「きびしさか、それともやさしさか」といった無数の問いを産み出し、飽くなき論争を呼び起こしてきた。そして多くの場合、「（各々の状況での）両者の適度なバランスが必要」とか「両者のパラドックスをパラドックスとして考え抜くことが重要である」といった答え方で、とりあえず議論を収めてきた。しかしながら、われわれのこれまでの考察に従えば、このような二項対立的な問題の立て方そのものが本質的に間違っている。(13)だとすれば、当の伝統的見解は、道徳的理解の構造や子どもたちを取り巻く抑圧の本質を捉え損なったまま――たとえば抑圧を規則による管理・統制や大人（教師や親）による介入として矮小化した上で――、ただ単に子どもの自由や権利や欲望充足の必要性を強調するだけのもう一つの伝統的見解と同様に、間違っているのである。

そのため、自らの選好に正直になって本来の道徳的理解を実行し始めた人々に対して外側から超自我的権威を一方的に押しつけるとすれば、彼らの理解は逆に損なわれることになってしまい、結果として問題行動としての知行不一致現象は解消するどころか、むしろ拡大することになろう。ところが、道徳的理解の論理や抑圧の本質を見失って、子どもたちを現存する抑圧の壁の内側に閉じ込め、混迷した状況をさらに深刻なものにしようとしつつあるのが、今日の日本社会（その中での道徳教育）なのである。管理的で父権主義的な立場が、子どもの欲望充足や自由や権利を強調するもう一つの伝統的立場を凌駕しつつあるといいたいのではない。後者の立場の横行が前者の立場を煽動すると共に、両者の共通基盤が強化されることを通じて問題の本質（道徳的理解の論理や抑圧の現代的構造）からますます遠ざかりつつあることが、今日の問題なのである。

以上本節では、知行不一致現象のそれぞれの原因・背景ごとに、当の現象に対応する際に教育が踏まえるべき基本原則について提言してきた。その結果明らかになったのは、克服すべき場合にせよそうでない場合にせよ、行為者の「知」に焦点を当てた教育、すなわち理解を深める教育によってこそ、知行不一致現象に適切に対処できるということであった。[14] ここにおいて、ロケットモデルにもとづいた心情主義的道徳教育論は実質的に破綻したといわざるをえない。また、第2章以下これまでの考察を通じて、ロケットモデルに対する従来の批判（第1章・III）も、いささかなりとも超えることができたと考えられるのである。

II―心情主義的道徳教育論の問題点

1　ロケットモデルによる知の歪曲

心情主義的道徳教育論が抱える問題点について、ここで改めて総括してみたい。まず最初はこれまで述べてきたことのまとめである。つまり、心情主義の道徳教育論が前提としているロケットモデルが、知を歪曲しているということである。

ロケットモデルは知行不一致現象を、知と行為を媒介する意志の弱さや意欲の欠如等々の心情的・情意的要因によって説明しようとした。しかしながら、これまでの考察に従えば、それとはまったく反対に、その現象の原因はいずれの場合にも意志や意欲等々にはなく、それぞれ独自の形で知＝理解の中にあった。あるいは、理解と併せて、社会の問題構造の側にあった。

そうであれば、知行不一致現象を解消するためには、道徳原理について理解を深めることが基本原則になる。意志を強くしたり〝こころ〟や精神力にはたらきかけて知行不一致現象をなくそうとするのは、壊れた機械を叩いたり蹴ったりして直そうとすることにでもなぞらえるべき――たしかに単純な機械なら叩くことで一時的に〝直る〟ことがあるが――、あまりにも理不尽な行為といわざるをえない。ロケットモデルの仮定とはまったく異なり、あくまでもわれわれがいう意味での「理解」こそが行為予測の本質的要因なのである。

この点に関して今一度思い起こす必要があるのは、第1章（III・6）で指摘したコールバーグの奇妙な主張である。すなわち、発達がより高次の段階の者ほど判断と行為がより一貫してくる一方で、「下位段階B」にいる者は、（最も高次のレベルである）「原理的」レベルに達していなくても、原理的レベルの者と同様に、判断と行為が一貫しているという経験的な主張である。ここでさらに思い出す必要があるのは、「下位段階A」と「下位段階B」の区別が、それぞれピアジェの道徳心理学がいう「他律」と「自律」の区別に対応して設けられているということである。つまり下位段階Bの者は慣習レベルにありながら「自律的選択」を志向する。そのため下位段階Bの者は、たとえば次のような「構成主義」(constructivism)の基準を満たしている。つまりその者は、「道徳的な意志決定を導いたり枠づけるために用いられる規則、法、原理は、人間の精神によって、社会システムというコンテクストのもとで能動的に構成されたものであり、自律と相互尊重と可逆性を考慮しながらつくられたものであることを認識している。いいかえれば、制度、規則、法を含む社会のすべては（〝社会〟がそれぞれの人によってどのように解釈されようとも）諸人格の間のコミュニケーションと協働から導き出されたものであることを理解しているのである」[15]。だとすれば、コールバーグの主張の奇妙さもここで氷解する。というのも、下位段階Bの者も原理レベルにある者も、共にわれわれのいう「理解」を志向しているから、発達のレベルや段階とは独立に、判断と行為は一貫する傾向にあるのだと整合的に説明できるからである。

これらのことを考えると、ロケットモデルを擁護する人々は、(物象化的錯認に陥ることによって）道徳原理を人間生活の外側から与えられたものとしてみなし、道徳原理について知ることを（外部に存在するものの）受容のモデルで捉えているといわざるをえない。つまり知る者と知られる対象の間の複雑な相互規定的関係が見失われ、知られる対象も知ることも単純かつ明快なものとして位置づけられているのである。

したがってそこでは、知ることの実質はかなり切りつめられてしまう。われわれのいう理解が、感情的なもの、意欲的なもの、価値的なもの、認知的なもの等々を（概念的には区別しつつも）一体のものとして捉えるのに対し、ロケットモデルの信奉者は、それらを実体的に切り離してしまうのだ。一例として、第1章（I・2）で取りあげた文部科学省の見解を見てみよう。「道徳的実践意欲と態度は、道徳的心情や道徳的判断力によって価値があるとされた行動をとろうとする傾向性を意味する」という一節に注目したい。そこでは「道徳的判断力」は、「道徳的価値の大切さを感じ取り、善を行うことを喜び、悪を憎む感情」としての「道徳的心情」と同列に置かれている（もっと正確にいえば、記述の優先順位の点で「道徳的判断力」は「道徳的心情」に従属している）。「道徳的判断力」は心情や感情のレベルにまで引き下ろされ、その程度の薄っぺらな中身しかないものとして位置づけられているのである。

だからこそ、ロケットモデルでは知と行為のギャップが当然のごとく生じるのであるが、そうしたギャップを説明する便利でわかりやすい道具として、今度は「意志」や「こころ」や「精神力」といった（これまた物象化的錯認の産物である）架空の実体をもちださざるをえなくなるのである。あるいはこういってもよい。ロケットモデルは、物体＋外部から加えられる力＝運動という素朴な力学の「イメージ・シェマ」をあまりにも安易に行為の領域に「隠喩的に投射する」(16)ことの悲劇的な結果だと。

このようなわけで、実際にも、ロケットモデルを擁護しようとする人々が知行不一致現象克服のために提起する道徳教育方法論は、われわれが提唱する方法を凌駕するものではない。たとえば、イギリス流分析哲学の立場からロケットモデルを擁護している論者の代表として第1章（II・2）

で取りあげたR・ストローンの理論がそうである。「意志の弱さ」の克服を最終的にはねらってストローンが提起する道徳教育の方法は、以下のようなごく〝常識的な〟ものにすぎない(17)。

①「言語的」方法として、(a)訓戒と説教、(b)合理的教授（rational instruction）：（R・M・ヘアやアリストテレスやJ・ウィルソンが示唆しているような）道徳的思考の形式の教授や、状況の事実・行為の結果についての教授、(c)討論。

②「実際的」方法として、(a)賞罰を与えること、(b)垂範、(c)役割演技と劇の利用、(d)規律に則った諸活動（性格形成）。

たしかにストローンも、われわれが批判する言語主義的教育方法や行動主義的教育方法の問題をある程度自覚しており(18)、そのこともあって上記の方法には利点だけでなく問題点もあることを認めている。また彼は、「まず最初に原理を獲得し、それからそれを個々の状況に適用することによってそれを実践に移すとする『二段階モデル』」が必ずしも子どもの学習の心理的実態に合致していないということも認める(19)。したがってその点で、ストローンの提起する教育方法は、単純な〝言語派〟や〝心情派〟が従う教育方法を超えているし、それゆえ評価されるべきものを部分的には含んでいる。けれども、いずれにしろ彼の提示する道徳教育の方法は、それ自体は陳腐ともいえる上記諸方法の組み合わせにすぎない。そこでは、知行不一致現象の克服にとっては非本質的な方法と本質的な要素の一部のみを含んだ方法とが、あたかも恣意的な妥協の産物であるかのように並存しているだけなのだ。

2　知行不一致現象の拡大再生産

心情主義的道徳教育論の問題点はロケットモデルの問題点に還元できるわけではない。心情主義の道徳教育の理論と実践は、その帰結として、さらに以下に述べるような望ましくない事態をもたらすからである。しかもそれらはいずれも、きわめて深刻な社会的問題なのである。

まず最初の問題点は、この心情主義的道徳教育論が克服すべきものとしての知行不一致現象を克服できないどころか、逆にそれを拡大再生産していくということである。

この心情主義は、すでに存在している貧弱な道徳的知を単に放置するのではない。コールバーグのいう下位段階Aと下位段階Bではないが、世の中には（共同体実践に従事する中で）道徳原理の理解をはっきりと志向している者もいれば、（物象化的錯認に陥ることによって）理解を志向しようとしない者もいる（むろん理解からまったく無縁の者はありえないが）。だが、心情主義的道徳教育論はこのような状態をそのままにしておくのではない。そのような〝自然〟状態に積極的に介入し、理解を志向している者に対しても理解を放棄するようにはたらきかけるのである。すなわち、道徳原理を理解しようとする傾向をむしろ積極的に抑えることによって、人々を本来の理解からますます遠ざけるのだ。するとその結果として、判断や認識と行為の乖離はますます生じやすくなる。そうなると、心情主義の道徳教育が広まるにつれて、知行不一致現象は単に減少しないというだけでなく、それだけいっそう拍車がかけられ増殖していくことになる。知行不一致現象からロケットモデルが導き出され、そこから要請され構成されるのが心情主義的道徳教育論であるが、それが市民権を得ると今度はその理論と実践を通じて、克服すべき当の現象がさらに拡大していくのである。

　ところで、多くの人々が知行不一致現象から直接にロケットモデルを導出してしまうのは、それが論理としてわかりやすいということもあるが、つきつめれば彼らが知行二元論という解釈図式を隠しもち、その図式で当の現象をながめているからにほかならない。いいかえれば、われわれのように当の現象の存在を認めても知行二元論の解釈図式をもたなければ、けっしてロケットモデルを導出することはない。そうであれば、ロケットモデルから身を引き離すための鍵は、知行不一致現象の解消よりも、むしろ知行二元論の解釈図式の解消にあるといえる。ところが皮肉なことに、知行二元論の解釈図式をもっている人々にとっては、心情主義的道徳教育によって知行不一致現象が拡大していけばいくほど、自らのその二元論的図式はますますもっともらしいものに思えてくる。その結果、心情主義的道徳教育そのものがいっそう正統化されるようになる。これも心情主義のもたらす重大な悪循環の一つといえよう。

　いずれにせよ、ここにあるのは次のような閉じた円環的過程にほかならない。すなわち、現実に存在する知行不一致現象が知行二元論という解釈図式を介してロケットモデルを要請し、それが心情主義的道徳教育の理論と実践を可能にする一方で、今度は逆にその道徳教育の理論と実践が、知行不一致現象を拡大再生産していくことを通じて、知行二元論とロケットモデルを正統化し、自己自身をも正統化していくという過程である。(20) 心情主義的道徳教育論者が心をこめて訴えかける蛮力に敢然と抵抗できる強者や、のっけからそのような訴えかけを聞く耳なぞもっていない〝愚か者〟(英雄的愚者！)による率直な道徳的理解がきっかけとなってこの負のスパイラルが断ち切られない限り、この不幸なシステムは不断に自己増殖を続けるしかないのである。

3　学習者への心理的抑圧

今述べた中でも暗に言及されていたことだが、心情主義の道徳教育は、道徳的理解を誠実に試みている人々に対して心理的な抑圧をもたらす。

心情主義的道徳教育論者に顕著な特徴は、道徳的理解や認識を「わかっている／わかっていない」の二値論理で把握しようとする浅薄な理解観である。わかっていないのなら教えてあげなければならないが、わかっているのなら後はいかにそれを実行に移すかが教育の課題だと考えるような単純な思考法である。そのためその道徳教育論は、「わかっている」と判定された学習者に対しては、その実行化のみに意識を向けさせ、もはや彼らの理解や認識の質を問いただすことはない。学習者がそれでもあえて理解の内実にこだわろうものなら、「理屈っぽい」とか「愚痴っぽい」と文句をいわれたり、あげくの果ては「いさぎよくない」とか「つべこべいうな！」と非難されるのがオチなのである。

そうであれば、「わかる／わからない」の二値論理や二項対立を超えた形で道徳原理を理解しようとしている人々に対して、心情主義的な道徳教育がなされたら、どうなるだろうか。どれほど好意的に受け入れられようとも、それは明らかに学習者が本来もっている学びの姿勢を挫くことになる。すなわち、状況の中で身体や感情を総動員しながら具体的に思考し、新しく遭遇した事態に対応させつつ既成の自己の意味体系をじっくりと編み直すことを通じて理解しようとする姿勢に対する抑圧となってしまうのだ。

　このことを具体例を用いて説明してみよう。たとえば「勉強すべきとわかっちゃいるんだけどもやらない」子ども（小学生から高校生のいずれでもよいし、大学生を想定しても構わない）がいるとしよう。ふつうこうしたケースの原因は、すでに述べたⒸ〜ⒼやⓃのいずれかに分類できる。すなわち、勉強することが自己や世界に一定の影響や効果を与えていること（個人的利益や社会的効用をもたらしたり自己や社会の再構築に貢献したりすること）がわかっていないから（Ⓒ）、勉強することの結果が事実としてわかっていたとしても、それを価値あるものとしては認識できていない（たとえば勉強によって得られる個人的利益［＝学歴の社会的・経済的価値］はかつてと違い、もはや魅力的なものではなくなっている）から（Ⓓ）、「勉強すべき」よりも「手に職をつけるべき」とか「一芸に秀でるべき」といった原理の方をより深く理解しているから（Ⓔ）、学校教育の中でつくられてきた選好（「自分は頭がわるく勉強に向かない」といったことをくりかえし刷り込まれることによってもつようになった選好）を反映して、「勉強すべき」よりも「バイクでぶっ飛ばすべき」という原理の方をより深く理解できるから（Ⓕ）、「意味のない知識を自分を押し殺して貯め込む勉強」よりも「社会活動に参加し、その中で自由に本を読んだり、人と議論したりして自分と社会を見つめ直す学び」の方を行うべきこととしてより深く理解しているから(G)、このののっぺりとした現実味のない日々の生活の中では、勉強をすることなんかどうでもよく、まずは「自分が存在している証」や「生きている実感」が欲しいから(N)、といったようにである。

さてそうすると、上記いずれの場合にせよ、この子どもに対して心情主義の(道徳)教育を行えばどうなるだろうか。勉強すべきとわかっていながらやらないのは「やる気」がないからだとして、学習意欲を喚起するような訓話・説教を聞かせたり、意志を鍛えるための身体的訓練を行ったり、(今日ではむしろこちらの方が主流であるが)勉強をしたくなる気にさせる楽しいゲーム(競争)や体験等を導入したり、達成感や成功感(=できたという気持ち・わかったという気持ち)が効果的に得られる教材を与えたりしたら、どうなるだろうか。

その結果、子どもたちは勉強するようになるかもしれない。しかも楽しいゲーム・体験が導入されたり達成感・成功感が効果的に与えられる場合には、少なからぬ子どもたちが嬉々として勉強に励むかもしれない。しかし、そこでは同時に、自分の微妙な心の襞が無視されたという不満も残るはずである。勉強したくないのにはそれなりの理由があるからなのに――つまりそれは個人の気まぐれやわがままというよりも、むしろ学校社会の変化に深く根ざしている――、自分のその本当の気持ちは理解されていない、という不満である。[21] しかも、満たされるべき固有のニーズをもった個人(自律的な欲望主体)であることを求められる経済構造を反映して、自己承認や個性尊重への要求が高まりつつある今日の社会では、そうした不満はいっそう強く感じられるものとなろう。

けれども現実には、勉強を（楽しみながら）効果的・効率的にさせるための合理的な教育・学習プログラムの開発が多様に企てられるばかりであり、各人がそのプログラムの適用対象＝利用者として等し並みに扱われる傾向はますます強くなっていく。このような状況の中では、子どもたちの先の不満がむしろ抑圧感というべきものにふくらんでいっても少しもおかしくない。さらにいえば、そのような抑圧が、(N)のケースを誘発する先述の抑圧（第3章・Ⅲ・3）に加わるとき、前項で述べたのとは違う回路を通じて知行不一致現象はさらに拡大していくことになろう。

4　〈他者〉の声の抹殺

心情主義的な教育的努力がもたらすのは心理的な抑圧にとどまらない。それは知行不一致現象の背後でうごめく異他的な〈他者〉の声から耳を塞ぐことを通じて、その〈他者〉がもたらしうる豊かな道徳的可能性をあらかじめ排除してしまう。

知行不一致現象には、克服すべきものであるか否かにかかわらず、多くの場合、社会秩序や社会構造の別のあり方（よりよきものの可能性）を問うことを呼びかける声がひそんでいる。知行不一致現象を克服すべきものとしてしかみない心情主義的道徳教育論の純粋な信奉者には聞こえてこない声であり、その意味で彼らにとっては異他的な〈他者〉の声である。

たとえば「勉強すべきとわかっているけどやらない」現象は、先ほどの事例分析からはっきりとわかるように、同時に「勉強」に関して学校や社会が抱えている問題点――それは個々の授業や教師のあり方から、日本の学校教育制度、近代教育の構造、社会の基本構造に至るさまざまなレベルにわたっている——の告発という側面を含んでいる。その現象の背後には、「勉強すべきか、それともしなくてもいいか」という二項対立図式に回収できない声が明らかにひそんでいるのだ。ところが、そうした二項対立にとらわれることによって心情主義的道徳教育論は、そのような声をきれいさっぱりと切り捨ててしまう[22]。

ストローンは道徳原理が「"cool-hour" quality」をもっていることを正しく指摘しているが[23]、その「cool-hour」は、彼が考えたように単に「熱意のもてない・心を動かされない時間」を意味するだけではなく、「冷ややかで・よそよそしく感じられる時間」をも意味している。道徳原理が自分にとって縁遠く感じられるのは、自分の心が道徳原理から単に離れているからではなく、道徳原理に対して不信や疑念を抱いているからでもある。そうであれば知行不一致現象に対応する教育は、それを解消しようとする場合でも、同時に、知っていることと行うことの裂け目で喘ぎ、苦悩している〈他者〉の声に耳を傾け、その声に応答するものでもなければならない。

このことは、(G)のケースのように「わかっているけどやらない」ことに正当な理由がある場合にはわかりやすい（とはいえ、その正当さが理解できない場合は話は別である）。しかし、(F)や(N)のように「わかっているけどやらない」ことが明らかに克服されるべき場合でも、このことは間違いなくあてはまる。今の「勉強」の例は、そのことが比較的わかりやすいのではなかろうか。(F)のケースで先に言及した「ゴミの不法投棄はいけないとわかっているけどやめない」事例もわかりやすいであろう。現代社会においては、その知行不一致現象はたしかに明白に克服されるべきものである。けれども、それは同時に、大量の廃棄物を産み出す社会のあり方、廃棄物の管理や処理（再利用）が不十分な企業や行政のあり方、倫理よりも利潤追求を優先させる社会のあり方、等々の問題点を潜在的には訴えている。「ゴミの不法投棄をいかになくすか」ということだけを考えている人の耳にはそのような訴えはなかなか入ってこないが、知行不一致現象に適切に対応したといえるためには、そのような〈他者〉の声にも応答する必要があるのだ。

(N)の場合も同様である。「いじめ・暴力等々をやっちゃいけないとわかっているけどやってしまう」現象は、もちろん克服すべきである。しかしながら、それは同時に、人をいじめや暴力に追い詰めていく周囲の環境（たとえば透明な抑圧を生み出す社会）のあり方に対する告発や異議申し立てを潜在的に含んでいる（いじめや暴力に走る当人たちがそのことを自覚しているとは限らないが）。そうであれば、その現象に適切に対応したといえるためには教育は、彼／彼女らの思考や行動の中から社会構造や社会環境の問い直しへと誘う声を聞き取り、それに応答していかなければならない。

要するに、知行不一致現象は、それが克服されるべきものである場合でも、単に克服されればすむものでは断じてない。それは同時に、既存の生活形式に裂け目を刻み込み、生活の別の可能性への問いを誘発する〈他者〉の呻きでもあるからだ。逆説的にいえば、知行不一致現象はどのような、、、、、ものであれ、生活形式を変容させ、社会をよりよきものへと変革するためには、むしろ必要なものである。ところが、心情主義的道徳教育論は、知行不一致現象の克服ばかりに躍起になり、そうした〈他者〉の声を無視したり圧殺することによって、社会変革の芽を摘みとり、問題をはらんだ既存のシステムを擁護してしまうのである。

さらにいえば、知行不一致現象にひそむ〈他者〉の声は、道徳原理に従うこととは別種の（あるいは道徳原理に従うことによってむしろ損なわれてしまう）道徳的価値を開示していることもある。まず「嘘をついてはいけないとわかっているけどついてしまう」現象を取りあげてみよう。亀山佳明は、子どもの嘘には人間の成長にとって積極的な意義をもっているものがあるという。すなわち「遊びの性格をもつうそ」と「防衛の機能をもつうそ」であり、前者を「子どもたちの存在論的属性」（世界の充実感と自己の全能感を保障するもの）として位置づけ、後者を「自我形成＝自律の過程において必然的なもの」（弱者としての子どもが大人の監視の目から自由になり、権力に対する抵抗の基盤を形成するために必要なもの）として位置づける。[24] 嘘についてのこのような見方に従えば、嘘をめぐる知行不一致現象には、それが否定的な結果をもたらす場合でも、同時に自律等々の道徳的価値を希求する声が隠されていることになる。同様のことは、(N)のケースで取りあげた「問題行動」についてもいえよう。外的な力によって窮地に追い込まれたときに、そこから脱しようとして（してはいけないとわかっていながら）問題行動に走ることには、全面的に否定できない側面がある。そこには自らを抑圧するもの・苦しめるものに抵抗しようとする声がひそんでいるからである。たしかにそれは歪んだ抵抗であり、到底ほめられたものではない（むしろきびしくとがめられるべきものの方が多いであろう)。しかし、外的な力に蹂躙されているさなかにあっても唯々諾々として道徳原理に従うこと(その意味での人間的弱さ)が、逆により深刻な道徳的事態をもたらすときがあるのも、またたしかな事実なのである。

だとすれば、この種の知行不一致現象に対応する教育は、嘘や問題行動のもつ両義性(否定的側面と積極的側面)に目配りし、それらがもっている多様な道徳的意味をそれぞれの社会的文脈の中でていねいに読み解いていかなければならない。けれども、嘘や問題行動をめぐる子どもの知行不一致現象を単に克服すべきものとしてしかみない心情主義的道徳教育論は、このような複眼的な視点(それゆえ繊細で柔軟な知性)をもつことができない[25]。その結果それは、道徳原理に従うこととは異なる道徳的価値を育む可能性を閉ざしてしまうのである[26]。

5　支配的権力の再生産

心情主義の道徳教育が本来は克服されるべきではない知行不一致現象に向けられるとき、それが抱える問題点はいっそう深刻になる。それは、各人への道徳的に不当な抑圧ともなるからである。心情主義者は、理解することよりも、理解していることの実行化としての意志作用の方にもっぱら関心を向けることによって、所与の道徳原理を自明なものとして受け入れる傾向がある。心情主義者は、理解しているとおりに行為する場合は「意志が強い」ケースとしてポジティヴなものとみなし、反対に行為できない場合は「意志が弱い」ケースとしてネガティヴに受け取る傾向が強い。

彼らは道徳原理の正当性を自明のものとして受け入れることによって、暗黙のうちに「道徳判断（道徳原理の認識）は吟味・反省されるべきものというよりも実現されるべきものである」と仮定しているからである。

したがって、心情主義者は、道徳原理に対する批判的精神を枯渇させがちであるし、知行不一致現象の中には克服すべきとはいえないものもあることに無自覚になりがちである。だとすれば、心情主義的な道徳教育は、知行不一致現象の克服という名のもとに、本来は克服すべきでない知行不一致現象さえも〝克服〞しようとすることによって、道徳的に正当とはいえないものを再生産することにつながっていくといってもよい。

この傾向は、理論的に洗練された心情主義者の場合でも基本的には変わらない。たしかに彼らは、社会に受け入れられている道徳原理と受け入れられるべき道徳原理を概念的には区別できる。しかし、やはり理解や認識よりも意志作用に関心が向いているし、また道徳原理を実体化して捉える点で、明らかに道徳原理の正当性への批判意識は中途半端なものにとどまらざるをえないからである。

こうしてみると、この心情主義の道徳教育は、社会学的観点から見れば、その理由を深く考えてみれば本来はやるべきでないこと、あるいは行う必要のないことを、そのことに疑問を抱かせないまま自発的に行わせるためにこそむしろ必要なのであり、その意味で支配的権力の再生産にこそ必要なものであるとさえいえよう[27]（もちろんそれが成功するためには単に心情主義的な方法を用いるだけでは無理であり、心情主義的な共同体実践の中にそれを位置づけなければならないであろう）。

あるいはもっと穏健に、こう述べた方がいいのかもしれない。理由など考えずにやらなければならないことや、理由をきちんと考えたらやるべきではないことをあえてやるためにこそ——つまり〝ものわかりのいい大人〟になるためにこそ——心情主義の道徳教育は必要だ、と。なるほど、どこか怪しげな会社やうさんくさい組織ほど、やる気をしきりに説いたり、集団的なノリをやたらと強調するわけである。

6　道徳の衰弱あるいは法の専制

心情主義の道徳教育が道徳原理についての理解を妨害あるいは排除しようとする傾向を深めるほどに、道徳は衰弱し、代わりに法の専制という事態を招く。

すでに確認したように、道徳原理は共通の善や関心に導かれた共同体実践の中から生成し、共同体実践に従事することを通じて構成員は道徳原理についての理解を深めていく。それゆえ、共同体が外部の世界に対して閉じていた（正確にいえばゆるやかに開かれていた）時代、つまり共通の善や関心があまり変化せず、共同体間の境界線もはっきりしていた時代には、ことさらの教育装置（学校）がなくても、道徳原理は新しい世代に自然に引き継がれていった。意識的な教育的はたらきかけが特になくても人々の絆や秩序は守られ、暴力や差別や貧困が共同体の外部から持ち込まれたり、天災地変にみまわれたりといった場合以外には、道徳原理からの逸脱も起こらなかったということである（あるいは間引き＝子殺しのようなものが共同体の約定として道徳的逸脱の領域外に置かれるときは、大飢饉の際にも道徳的逸脱は起こらなかったとみなすことも不可能ではない)。そこでは道徳は、いわば水や空気のように人々の生活を根底のところで支えていたといってもよい。

ところが、心情主義の道徳教育が威力を発揮するようになると、このような事態が一変する可能性がある。まず、道徳原理についての理解を妨害したり抑え込んだりする力が強くなると、道徳原理の伝達もうまくいかなくなって道徳が衰弱するようになる。自然に人々を結びつけ秩序を維持していた生の基盤が揺るぎ、対立や逸脱が噴出するようになるのだ。だが、そこではもはや道徳に頼れないので、問題の解決はサンクション(賞罰)の強化や法廷にゆだねるしかない。かくしてそこでは道徳と法が混同され、次第に道徳が法に置き換えられるようになっていく。いわゆる「法化」[28]社会への移行である。

法やサンクションによって秩序を維持したり対立を調停することはもちろん可能である。しかしながら、道徳が弱体化することに伴う代償はけっして小さくなく、結果としてさまざまに深刻な事態がもたらされるであろう。個人に目を向ければ、道徳的理解から縁遠くなった人は自律的に行動することと、つまり明示的な規則がなくても道徳的に行動したり、明示的な規則があるにもかかわらずそれに背いて正当さを追求したり、といったことができなくなる。他方、社会に目を向ければ、あらゆることに関して法が必要になり、法整備を通じて行動の規範が事細かに決められ、監視の視線が張りめぐらされ、人々の生活はがんじがらめにされてしまう。

ここからはさらに次のような事態が生じることになろう。第一に、道徳という自律的な思考と行動の領域が蝕まれ、法という明示的な規則に一方的に操作されるようになった人々にとって、生活は窮屈で（あるいは退屈で）息苦しいものとなる。管理の是非など問題にならなくなるくらい管理が浸透した社会では、自律的な主体へのあこがれが残っている程度に応じて――すでに述べたように現代の消費社会は人々に「自律的な欲望主体であれ」と焚きつけてくる――人々は自己疎外感を感じるようになる。この自己疎外感はいうまでもなく、前章で論じた抑圧感情、すなわち確かな自分という実感や現実を生きている実感がないままに、ただ疲労感や無力感だけが溜まっていくときのあの抑圧感情と地続きである。さらにいえば、前節の最後で述べた、自己抑止力をつけようとして超自我的権威が押しつけられるときのあの抑圧感情ともつながっている。とすると、それらの抑圧感情は一つの大きな奔流となって、(N)のケースの知行不一致現象をさらに拡大させることになろう。

第二に、法をきちんと守る「まじめさ」が道徳的理解という基礎を欠いているとき、そのような「まじめさ」が時として道徳的な逸脱に向かうのは少しも不思議ではない。法に抜け道さえあれば（あるいはリスクを考慮した上での罰則が見合うものであれば）、そのまじめな人は道徳的に不当なことも平気で（場合によってはむしろ当然のこととして）行うことができるからだ。法の抜け穴を突こうとはしない臆病な「まじめさ」は今述べた抑圧感情を深く溜め込んでしまう可能性が高いが、そのようなまじめな人が道徳的理解にも欠けるとき、道徳的に法外な逸脱（凶悪な犯罪など）に向かうのも、十分に予測できることといえよう。

道徳の衰弱によって道徳の機能をことごとく法が担うようになることは、このような意味で多大な代償を伴う。道徳は本来、単なる秩序維持や対立調停の装置ではなく、自己や自らの社会・歴史の理解したり、それらをよりよきものへと変えていくための基礎であり、法によって代替できるものではないからだ。(29)

道徳という生活の自然な基盤が衰弱していくことによってアノミーと係争が多発し、今度はその対応のために導入した法が問題をさらにこじれさせていく様は、人間の生活を当たり前のように支えていた水や空気が汚されて環境問題が発生し、今度はその対策が次々と厄介な問題を生み出していく様とよく似ている。しかし環境問題の場合、そこで得られた代償が物質的豊かさだったとすれば、道徳の弱体化の代わりに得られたものはいったい何だったのだろうか。

以上、本章の後半ではさまざまな角度から心情主義的道徳教育論の問題点を明らかにしてきた。いずれにせよ、それがこれほど多岐にわたって深刻な弊害をもたらすのであれば、理解を深める教育を採用する前に、心情主義の教育を単にやめるだけでも十分に意義があるといわざるをえないのである。

（1）　しかしながら、このようにして習得される限りにおいて、「人を殺してはいけない」という道徳原理は、共同体の外部の存在（共同体から排除された人・異邦人・他の生命体など）にも適用されるとは限らない。伝統的社会の〝道徳教育〟はその意味で、共同体の内部では虫も殺さぬ優しい人が共同体の外部の人間を無慈悲に殺戮する可能性を胚胎しているといえよう。

(2)　広田照幸『日本人のしつけは衰退したか――「教育する家族」のゆくえ』講談社現代新書、一九九九年、第1章。

(3)　宇佐美寛『思考指導の論理』第六章。

(4)　隠れて見えにくい行為結果の認識に特に焦点を当てた「道徳」授業としては、深澤久・羽鳥悟『環境の授業――道徳授業の改革をめざして』(明治図書、一九九二年）をあげることができよう。

(5)　第1章の註48も参照のこと。

(6)　不当な理由によって差別されることを実際に体験することを通じて、差別すべきでないことを「身をもって」学んでいき、人種差別に関する「わかっているけどできない」現象を克服した教育実践例として、W・ピータース（白石文人訳）『青い目・茶色い目――人種差別と闘った教育の記録』(日本放送出版協会、一九八八年）がある。

(7)　他者の共感的理解とそれを超える他者理解については、松下良平「批判的選択の倫理の再構成――ポスト近代的倫理の教育（II)」『金沢大学教育学部紀要　教育科学編』(第四七号、一九八八年）も参照していただきたい。

(8)　Kohlberg, L., "From Is to Ought," in his *Essays on Moral Development, Vol. I: The Philosophy of Moral Development*, Harper & Row, 1981, sect. 3, etc. 内藤俊史・千田茂博訳「『である』から『べきである』へ」永野重史編『道徳性の発達と教育――コールバーグ理論の展開』新曜社、一九八五年、等。

(9)　選好が生理学的に固定されているために(F)と似たケースが生じる場合もある。アルコール中毒やある種の薬物中毒によって、特定の行為（の結果）を優先的に選好する場合である。たしかにこの場合、自己の選好の批判的分析だけではその現象はなくなりはしない（もちろん、意志や意欲の強化によって克服できるわけでもない）。とはいえ、この場合でも、理解や認識の契機はかなり重要な役割を果たすと思われる。

たとえば、アルコール依存の原因を自分の人生を振り返る中で見いだそうとしたり、アルコールに依存しない別の生き方を見つけだそうとすることは、アルコール依存からの脱却にとって一定の意義をもっていると考えられるからである。

(10)　ヘアは、「原理の決定」を通じて例外を設けることによって、原理（＝批判的原理）の内容をより明細化し、「暫定的な原理」をより「正確」で「厳格」な原理へと変えていくことを、「道徳性の発達」(moral development) と呼んでいる (Hare, *The Language of Morals*, 3.6, 4.3 ; *Freedom and Reason*, 3.4 ; *Moral Thinking*, 2.5)。

(11)　実に皮肉なことだが、ここでは道徳原理の理解が十分ではないことが、社会の問題構造を改革するためのきっかけになっている。正当な道徳原理の深い理解はその意味で、イデオロギー的な効果（虚偽的な側面）をもつ場合もないわけではない。どれほどまっとうな道徳であっても、笑い飛ばした方がいいときもあるということだ。

(12)　誤解がないように付け加えれば、このような抑圧状況はつねに悪い結果をもたらすわけではない。前章の註20でもふれたように、そこからの脱出の試みが、ボランティアなどの社会活動や、芸術・文学・学問などの創造的な試みにつながる場合も少なくないからだ。しかしながら、物価の安さやソルジェニーツィンやショスタコーヴィチの作品によってソ連の抑圧政治が正当化されないのと同じように、そのようなプラスの結果によってその抑圧を正当化することも許されないのである。

(13)　矢野智司は、このような二項対立的なパラドックスに呪縛された教育言説を、啓蒙主義に淵源する近代教育学に特有のものと見る。この主張は、心情主義的道徳教育論が近代思想の産物であるとする次章でのわれわれの主張を、異なった角度から裏書きしていると考えられる。さらに矢野は、こうしたパラドックスのコミュニケーションが子どもを「ダブル・バインド状況」に巻き込むことによって、暴力等のいわゆる教育病理現象が引き起こされるし、またそのコミュニケーションは全体として「自律的市民の育成」という啓蒙主義の理念の実現をも裏切ることになる、ともいう。いずれにせよここでもまた、道徳原理からの逸脱は個人の意志の弱さ・意欲の欠如の問題ではない（矢野智司「教育関係のパラドックス――教育関係における『二律背反』問題についてのコミュニケーション論的人間学の試み」加野芳正、矢野智司編『教育のパラドックス／パラドックスの教育』東信堂、一九九四年）。

（14）ここまで述べてきたのは知行不一致現象に対する教育（理解を深める教育）のいわば中心的な部分である。この中心的な部分に対しては、周縁的な部分と呼ぶべきものもいくつか存在する。たとえば、「わかっちゃいるけどできない」現象を引き起こす人間の内面と置かれた状況をていねいに描いた映画を見せたり、本を読ませたりする教育である。そのような本や映画にふれれば――アンチ・モラルのヒーローや犯罪を扱っているために文部科学省がとても「推薦」しそうにないものの方がおそらく有益であろう――、人間の行為をロケットモデルで説明することがいかに浅薄きわまりないか、直感的にわかるはずである。もう一つ例をあげれば、ジェイムズ・デイ（James M. Day）がいうように、道徳判断と道徳行為を和解させるために「道徳的観衆」（moral audience）へ向けて「物語」を語ることである（Day, J. M., "The Moral Audience: On the Narrative Mediation of Moral'Judgment'and Moral'Action'," *New Directions for Child Development*, No.54, 1991）。

（15）Kohlberg, L., Levine, C. and Hewer, A., "Moral Stages: A Current Statement and Response to Critics," p. 256. 邦訳、七一頁。

（16）M・ジョンソン（菅野盾樹・中村雅之訳）『心のなかの身体』紀伊國屋書店、一九九一年。

（17）Straughan, '*I Ought to, but...*'; Ch. 5.

（18）*Ibid*., e. g., pp. 166-169, pp. 183-189.

（19）*Ibid*., pp. 220f.

（20）この円環の結び目にあるのは、いうまでもなく知行二元論の解釈図式である。第5章・II・1も参照のこと。

(21) ここでは「勉強をしたくない子どもには、その気持ちを尊重して無理に勉強をさせなくてもいい」といいたいのではない。学習意欲について論じることが本書のテーマではないので、ここではこれ以上ふれないが、一言だけいえば、近代社会に特徴的な「学習」(勉強) からより普遍的な「学び」への移行は、学びへの意欲を高めるという観点から見ても今日差し迫った課題だといえよう (松下良平「自生する学び――動機づけを必要としないカリキュラム」グループ・ディダクティカ編『学びのためのカリキュラム論』勁草書房、二〇〇〇年)。

(22) 実際ストローン自身が、知行不一致現象の背後に隠された「告発」の声を、道徳教育の名で排除しようとしている。そのことは、彼がくりかえし言及する、ラテン語の翻訳の宿題で「とらの巻」を用いるひとりの少年の例の分析からはっきりとわかる。その少年が、うまく生きるという観点から見ると「とらの巻き」を用いても翻訳の力はつかず後々の試験でも困ったことになるとわかっており、また道徳的観点から見ると教師に対する裏切りやクラスメイトに対する不正となるとわかっていながら、それでも「とらの巻」を用いて宿題をするならば、それは「意志の弱さ」のせいにほかならない、とストローンはいう (Straughan, *op. cit.*, pp. 85ff.)。しかしながら、そのような種類の「意志の弱さ」をただ単に克服すべきものとしてしか見ないとすれば、ラテン語の翻訳という、日常的文脈と切り離された学習に意義を見いだせないその生徒に対する心理的抑圧になるだけでなく、ラテン語学習を通じた階級的・文化的支配の再生産という倫理的問題の告発につながりうる声を抹殺することにもなる。結局のところストローンの分析には、イギリス分析哲学の多くが共有する保守的な姿勢 (ラディカルな社会批判の欠如) ――たとえばストローンにとっては、ラテン語の学習で「成功」を収めることの「よさ」は自明であり、その政治的な含意が問われることはない――がストレートに反映しているといわざるをえないのである。

(23) Straughan, *op. cit.*, p. 135, p. 143.

(24)　亀山佳明『子どもの嘘と秘密』筑摩書房、一九九〇年、特に七頁以下、一九頁以下。

(25)　亀山によれば、積極的な意義をもった嘘を排除していったのは、近代社会の理念や道徳観や社会関係である(同上書、一〇頁以下、二九頁)。この指摘が正しければ、心情主義的道徳教育論は近代の産物であるとする本書の主張(第5章参照)を別の角度から裏づけてくれることになろう。

(26)　道徳教育における〈他者〉の問題については、松下良平「〈他者〉との共生のための道徳教育——伝達と寛容の二元論を超えて」森田尚人ほか編『教育学年報三』(世織書房、一九九四年)も参照のこと。

(27)　だとすれば、知(判断)と行為を媒介するもの(「気合」や「身構え」等々)が強調される背景には、歴史的にみて、このようなイデオロギー的な企図があったのではないか、とする仮説が成り立ちうる。実際にも、たとえば齋藤孝が紹介する加藤末吉の「氣合」論は、そうした政治的・権力的側面と分かちがたく結びついている(齋藤孝『教師＝身体という技術——構え・感知力・技化』世織書房、一九九七年、二四二頁以下、二五一頁以下)。もっとも、加藤の「氣合」論への齋藤の関心は、教育の「一般の方法」に付加されるべき「活ける動力」の技術としての「氣合」論から積極的な教育方法的意義を汲み取ることの方にあるのだが。

(28)　「法化」(Verrechtlichung)については、G・トイプナー(樫沢秀木訳)「法化——概念、特徴、限界、回避策」『九大法学』(五九号、一九九〇年)をさしあたり参照のこと(ただし本書でわれわれは「法化」の一断面しか問題にしていないし、それはトイプナーの問題関心ともかなり異なっている)。

(29)　「法化」や「システム化」が進行した社会における道徳の役割については、中野敏男「社会のシステム化と道徳の機能変容」『岩波講座・社会科学の方法　第X巻——社会システムと自己組織性』(岩波書店、一九九四年)が示唆的である。

第5章　近代の再編

I　啓蒙主義道徳

1　近代の産物としての心情主義的道徳教育論

理解を深める道徳教育の意義と基本原則を説き、実行可能な教育プランを作り、心情主義的道徳教育論の問題点をつまびらかにすれば、道徳教育における心情主義は一掃されていくだろうか。答えは間違いなく「ノー」である。心情主義的道徳教育論は、単なる道徳教育の枠組みではなく、社会通念や時代精神の一部であり、あるいは巨大な社会システムの一翼を担うものでもあるからだ。したがって、心情主義的道徳教育論を乗り越えるためには、それをジグソーパズルの一片のように組み込んでいる近代の知的―社会的枠組みを組みかえていく必要がある。この章では、心情主義的道徳教育論が、(a)近代の道徳観、(b)近代の認識論や教育観、(c)近代社会の基本構造によって要請されたり下支えされていること、そのため心情主義的道徳教育論の克服のためにはそれら全体を再編しなければならないことを指摘してみたい。さらに、そのような〝大事業〟の手がかりをどこに求めたらよいのか、という問題についても考察してみよう。

心情主義の道徳教育につきまとう鍛錬主義的・精神主義的傾向は、一見したところでは近代以前の〝野蛮な〟教育方法の遺物であるかのような印象を与えかねない。たしかに、身体訓練や「しごき」を重視する〝体罰派〟や、煽情的体験を重視する非合理主義的な〝心情派〟がはびこるほどに、心情主義の道徳教育は、前近代的な道徳教育とオーバーラップしてくるように思われる。というのも、たとえば古代社会では、政治的・経済的・宗教的等々の規範と一体となった道徳的規範の維持・再生産のためには、タブー、儀式や祭典、詩歌・装飾などの言語的・芸術的表現形式に加えて、家族共同体・血縁集団の家父長的権威を盾にした物理的力の強制も用いられた。(1) したがって、そこにある種の残酷さや非合理主義が存在していたことは間違いないからである。

けれども事実としては、心情主義的道徳教育論はけっして近代以前の道徳教育論の遺物ではない。むしろまったく反対であり、近代の思想と社会こそが、心情主義的道徳教育論を要請し、それを支えている、と考えられるのである。そのため、心情主義の道徳教育のもつ野蛮と、近代以前の社会で用いられた道徳教育がもつ野蛮とでは、当然その質も大きく異なってくる。

たとえば、近代以前の教育方法に付随する残酷さは、道徳原理の理解に対立するものではなく、それをむしろを補うためのものであったと考えられる。一例として、江戸時代の日本において「教える」ことが「あしき事を戒める」こと、つまり「よき事」からはみ出ていることに気づかせるはたらきをもっていたとすれば──その「よき事」にはおそらくここでいう共同体実践の規準としての善も含まれよう──、教育的場面で用いられる厳しい仕打ちもまた同様のはたらきをしていた可能性がある。もちろんそこでも、負のサンクション（制裁）につきまとう残酷さは存在していたであろう。だがそれも、共同体実践を保持するための装置や、道徳的理解の未熟な者に対する応急的措置として用いられた可能性は高い。つまりそこでは、サンクションの利用と道徳的理解を深めることは原理的に矛盾しないということである（後述のIV・1も参照のこと）。それに対し、心情主義的道徳教育論は、ここでいう道徳原理の理解をそもそも最初から念頭に置いていない。だとすると、それがもたらす残酷さは、単に方法の残酷さではなく、それ以上に、理不尽なこと（＝当人の理解の筋道や内容とは無関係なこと）を強制する残酷さである。そこでは微笑みや共感さえも、その理不尽さにたじろいでいる人々の心と身体をさらに締めあげていくような冷酷さをもっているといえるのである。

近代の思想と心情主義的道徳教育論が親和的であることについては、第1章で言及したG・ライルの指摘も示唆的であった。ライルは、われわれのいうロケットモデルの核心部に位置するといえる「意志」や「意志作用」の言説を、デカルト以来の「機械の中の幽霊のドグマ」の必然的帰結とみなして批判していたからである。また、われわれが認識・情意・行為あるいは知・情・意の三項図式を（たとえば吹き矢モデルではなく）ロケットモデルと名づけたのも、それが行為の領域への近代力学的な「イメージ・シェマ」の投影であることを意識していたからである。だが以下では、心情主義的道徳教育論が近代の産物であることを、近代の思想と社会の核心部に踏み込むことによってさらにくっきりと浮き彫りにしてみたい。

2　脱文脈化された道徳

まず最初に指摘すべきは、近代の啓蒙主義道徳が、道徳を共同体の慣習《エトス》から引き離し、非歴史的で抽象的な普遍的理性によって基礎づけられたものに祭りあげたことが、心情主義をもたらしたということである。

近代以前の道徳は、共同体での生活の中で人々が歴史的に積みあげてきた慣習や習俗と一体となり、その中に埋め込まれていた。その道徳は生活様式の個別性や状況の特殊性に対応しているがゆえに多面的であったが、人々は生活（共同体実践）の積み重ねの中で道徳のその多面性を自然に理解していった。ところが近代になると、道徳は慣習や伝統から切り離され、共同体の活動や記憶から自律したものとして捉えられるようになる。その背景は大きく二つに分けることができよう。一つは、近代科学や資本主義の成立に伴って、伝統的共同体の解体が進むと共に、慣習や習俗に根ざした知への不信が広がっていったことである。もう一つは、それと並行して台頭してきた個人主義や自由主義が、既存の抑圧的な社会秩序（封建的諸制度や宗教的伝統）からの解放のために、伝統的権威から独立した普遍的で中立的な根拠（＝理性）を要求するようになったことである。こうして近代西欧に生じた啓蒙主義は、共同体維持のための道徳から自己統治のための道徳への転換を試みる中で、道徳の脱文脈化を図るようになり、普遍的な理性によって正当化された（基礎づけられた）道徳原理を探求するようになったのであった。

周知のように、普遍的な「自然権」に依拠した社会契約の思想（ホッブズ、ロック、ルソーら）が支持する道徳観や、さらには快や選好を究極的善とみなし「最大多数の最大幸福」を根本的な道徳原理とみなす功利主義（ベンサム、ミルら）の道徳観には、このような近代道徳の特質がはっきりと反映している。あるいは功利主義的枠組みに対抗してカントが説いた「道徳性」(Moralität)も、個人が普遍妥当的な道徳法則の命令に自らの意志で無条件に服する場合にのみ認められるものであり、それゆえそのような自律的個人＝人格のもつ「目的としての価値」も抽象的に規定された非歴史的な〈人権〉にすぎず、これまた近代道徳の典型にほかならない。ヘーゲルが近代市民社会における個人的・主観的倫理としてのカント的「道徳性」と共同体倫理としての「人倫」(Sittlichkeit) との分裂を指摘し[3]、またアラスデア・マッキンタイア (Alasdair MacIntyre) が「徳の伝統」の衰退による啓蒙主義道徳の出現という事態を描き出したとき[4]、彼らは近代道徳のこのような特殊性と問題点を鋭く見抜いていたといえよう。あるいは、コールバーグが道徳教育の「公正な共同体」(just community) アプローチ」を案出したとき、その念頭にあったのも、普遍的な道徳原理としての「正義」と共同体的な「善」の分裂を前にして、その両者を和解させることであった――その試みは成功しているとはいいがたいが――といえる[5]。

だが、いったいなぜ近代の脱文脈化された道徳原理は心情主義的道徳教育論と結びついてしまうのだろうか。ここでは、脱文脈化された近代道徳を知るとはどういうことであり、そのような知はどのような意味で行為との間に溝をつくっているのか（それゆえ知と行為の間に意志や自覚といった要因が介在する余地を残しているか）を指摘することによって、啓蒙主義道徳と心情主義的道徳教育論との親和性を明らかにしてみたい。

まず取りあげるのは、カントの倫理学である。カントにとって、従うべき道徳原理とは超歴史的な理性的実体としての「道徳法則」であり、それは人々が現実生活の中で築きあげてきた道徳原理（実践的原理）とは厳格に区別されている。純粋な〈意志〉なるものを差し向けること（つまりそれへの無条件の「尊敬」）によって初めて、道徳原理は「道徳法則」となるのである。それゆえそこには、理性vs.傾向性（本能・欲求等）、存在vs.当為、人間vs.動物、動機vs.結果、目的vs.手段、等々、その後の倫理学に深く根を降ろすことになる諸々の二元論がつきまとっている。かくしてカントの倫理学においては、「道徳法則」を理解することとは、理性的存在という特権的地位をもった自律的人格にのみ可能なこととして、欲求・選好や行為の結果の認識とは完全に切り離されてしまう。このような〝理解〟が本書でいう理解と根本的に相容れないことは、もはやいうまでもない。

一方、このカント倫理学の対極にある功利主義倫理学の場合はどうか。功利主義倫理学が前提としている理解も、ここでいう理解とは本質的な点で異なっている。なるほど、功利主義においては、カントの場合とは反対に、道徳原理の認識は人間の欲求や選好とも行為の結果の認識とも深く関連している。しかしながら、功利主義においても、「言語的―社会的実践の共有」な﹅し﹅に理解しうる対象（＝それ自体で真なるもの）が明確に存在しており、その点ではカントの理論と何ら変わりはない。

一例として、第1章でロケットモデル批判の系譜に位置づけたヘアの選好功利主義を取りあげてみよう。そこでの検討からもうかがえるように、道徳原理の理解についてのわれわれの理論は、道徳判断や道徳原理についてのヘアの理論とかなりの親近性がある。けれども功利主義者としてのヘアは、功利主義には与しないわれわれとは異なり、より強い選好の充足をそれ自体で善とみなすときがある。つまり、関係するすべての人の選好を公正に考慮した上で、「全体として選好の充足を最大化する」道徳原理に価値を認めるのである。[6] いいかえれば、そこでは選好の歴史的・社会的性格が自覚されてない。そのため、「選好が支配的権力によって強制されたものである場合、その選好の充足（最大化）はもはや善とはいえないのではないか」といった疑問はそもそも存在しないのだ。[7] こうして、ヘアの選好功利主義においては、行為の結果を質的に価値づけるものとしての選好――われわれの観点からすればそれ自身は善ではない。善は支配的権力に蝕まれているとはいえない選好についての間主観的合意の中にのみ存在するからである――と、いわば基本的善としての〈より強い選好の充足〉が区別されないままに、〈選好の充足の（公正な）最大化＝善〉という基本原理はいわば〈それ自体としての真理〉として、直接に〝理解〟するしかないのである。

以上のことを踏まえると、脱文脈化を志向し、歴史的・社会的なものを超えた普遍的なものによって道徳を基礎づけようとする近代の啓蒙主義道徳こそが、知ろうとする個人の意志を差し向けることによってしか接近できない部分を生み出すことによって、心情主義的道徳教育論を可能にしたといえるのである。

ここにおいて、心情主義の道徳教育と法化の進行が親和的であることについて、すでに述べたのとは別の説明をつけ加えることが可能になる。心情主義の道徳教育が道徳の衰退をもたらし、代わりに法の専制を招くだけでなく（第4章・II・6）、逆に、共同体の外側で成立した（それゆえ個々の生活の固有の必要性から切り離された）という意味で脱文脈化された規則としての法の氾濫こそが、心情主義の道徳教育を要請するということである。今日の社会において、グローバリズムの進行――その帰結はまさしく脱文脈化された法とサンクションの氾濫である――と道徳の心情主義化が並行しているのは、その意味でけっして偶然なのではない。

3　分割統治の教育学

啓蒙主義道徳の出現はこうして、教育（道徳教育）のあり方をも大きく変えることになる。近代以前の社会ではおおよそ、共同体実践に従事すること、つまり先行世代と新しい世代が共通の活動にかかわり、関心や目的や善を共有するようになる中で（さらに儀式や祭祀やサンクション等々がそのような活動を強調したり補完することによって）、道徳原理はいわば自然に伝達されていった（第4章・I・1）。知識や技や生きる知恵を身につけることと、性格《エトス》を築きあげることや、他者と適切な関係を築いたり道徳的な振る舞いができるようになることは、慣習《エトス》や習俗が織り込められた状況の中で身体や感情の全体を用いてなされる学びの中で一体となっていた。それゆえ、ことさらに道徳教育はなされなかったが、道徳判断力（道徳的理解力）と実践力（行為能力）は互いに深く結びついたまま、自然に育っていったといえる。

ところが、近代に入り啓蒙主義道徳が支配的になり、伝統的共同体に埋め込まれた慣習・習俗や宗教的価値の教育からの自律がめざされるようになると、教育の全体から道徳教育が分化しはじめ、「知育・徳育・体育」の三分法や、「教育（訓育）・教授」等々の二分法が成立するようになる。囲い込まれた子ども（被教育者）に対する、一定の目的に向けた合理的な人間形成としての〈教育〉が誕生すると共に、その下に道徳教育という領域も新たに生まれたのである。

だが、脱文脈化された抽象的な道徳原理をことばによる説明（知的な「教授」）によって知らしめることは簡単でも、生の文脈から遊離し自己に疎遠な道徳原理を実際に行わせることは多くの場合困難である（たとえば伝統的な死生観をもった日本人に「脳死体からの臓器移植を行うべき」という功利主義的な道徳原理を教える場合を想定してみればよい）。そのため道徳教育は、実践力の育成や行為の習慣化を固有に担当する「教育」（訓育・訓練）として、感情や意志の陶冶を主たる任務とするようになる。ここにおいて心情主義的な道徳教育論が誕生する。その上で道徳原理が絶対視されればされるほど、（目的が手段を正当化することによって）意志形成に対するテロリズムも容認されるようになり、野蛮や非合理を避けるという自己の意思を欺くかのように、啓蒙主義の道徳は非合理主義的な鍛錬主義や訓練主義ともしばしば結びつくことになった。(8)

啓蒙主義道徳の要求する道徳的知の固有の性格が心情主義的道徳教育を招くという上述の事情を端的に例証しているのと思われるのが、すでに幾度か言及したストローンの道徳教育論である。第1章でも確認したことだが、ストローンは「意志の弱さ」を擁護する根拠のうち最も重要なものとして「正当化要因」と「動機づけ要因」の区別をあげていた。(9) この二つを概念的に区別することにはさしあたり問題はない(正当化と行為への起動力の区別はこれまでの議論の中でわれわれも前提にしていた)。問題は、ストローンがその二つを単に概念的に区別するだけでなく、実体的にも区別していることにある。つまり彼が、「正当化」を定義上「動機づけ」から排除していることである。

ストローンのいう「道徳的べき」の「正当化」はつねに、「より一般的で高次の道徳原理に訴求する」ことを前提としている。たとえば「真実を言うべきである」は、「話している相手の人格に対する誠実と尊敬」というより上位の原理に訴えて正当化される、という具合に。(10) つまり彼の正当化の考え方では、『「べき」言明と正当化の理由の間の論理的な関係〔傍点引用者〕』(11) しか考慮に入れられていない。「理由が示唆するのは一般的原理であって特殊な傾向性ではなく、普遍的規則であって個人の欲求ではない」(12) という独断から出発して、あくまでも理由と原理の論理的関係しか彼は視界に入れないのである。いいかえれば、論理的に訴求できる上位の原理のないところで、道徳判断に従うことの結果の考慮とそれの選好という観点からいわば非論理的に道徳判断を正当化する道は、そもそも議論から排除されている。(われわれの立場が与する) そのような正当化の考え方にもとづけば、正当化と行為の動機は緊密に結びついているのだが——というのも行為の結果の選好こそが行為を導く力となるのだから——、その考え方を排除する限りにおいて、正当化と動機づけは、交わる余地が最初からないのだ。

ストローンにとっては、少なくとも最高次の道徳原理は人間の生活世界の次元とは無関係の存在であり、いうなれば永遠の相の下にある〈普遍的〉真理であって、まさに疑問の余地のない自明の前提なのである。[13] いいかえれば彼は、なぜわれわれ人間は道徳原理をもっているのかとか、なぜそれに従うべきなのかという根本的問いを、論理的により上位の道徳原理を探求することに置き換えてしまうのである。ともかく、こうしてストローンは、価値判断の理由の認識について次のように総括するに至る。

> 「まじめな価値判断の」背後にある正当化のための理由を承認するとは、なにも知的に洗練された作業である必要はない。必要なのは、行為主体が特定の行為についてみがきあげられた哲学的論拠を提示できるということではなくて、一定の考慮すべき点がその行為のためのある種の、「よい」理由を構成し、それは行為主体が受け入れているある種のより一般的な原理から導き出されるということを認識することだけなのだ。[14]

このように「『……すべきということをまじめに信じている』事態に達するためには、知的あるいは道徳的推論力の成熟は必要ではない」[15]のであれば、道徳教育が精力を注がなければならないのは必然的に、意志や感情の陶冶の方になっていくのである。

4　啓蒙主義道徳の再構成

以上の考察が基本的に正しいとすれば、心情主義的道徳教育論を克服するためにまず必要なのは、啓蒙主義に特有の道徳観を転換させることである。道徳を脱文脈化された抽象的な道徳原理へと還元することによって、正と善、義務と徳、「道徳性」と「人倫」等々を対立するものとして捉える近代的な道徳観から、身を引き離すことである。最も基本的な道徳原理から（倫理学者の個人的思考を通じて）時代や社会にふさわしいものとして演繹されたものを従うべき道徳原理とみなすのではなく、共通の実践に従事する人びとの間で共有されている文化の一つとして道徳原理を位置づけ、実践の規準や形態の変化に応じて道徳原理も変化していくという見方を受け入れることである。

しかしだからといって、啓蒙主義道徳の遺産を丸ごと否定して、前近代的な枠組みに再び舞いもどることはもはや許されない。各人が一定の共同体実践の内部に引きこもることができず、相互に開かれた多様な共同体実践と接触したり交流せざるをえない現代社会では、所与の道徳原理に対する批判意識をもつことが必要になるからである。つまりそれぞれの共同体の間主観的合意がそのまま正当とみなされることはなく、改めていずれが正当かを判断しなくてはならない。近代以降の社会では、道徳原理の正当化という課題を否応なしに引き受けざるをえないのだ。啓蒙主義道徳を批判する場合でも、道徳原理の正当化に関する啓蒙主義の遺産は何らかの形で引き継いでいかなければならないのである。

だとすると今必要なのは、道徳原理の正当化という企てを放棄することではなく、啓蒙主義に特有の正当化観を放棄して、新しい正当化の考え方を築くことである。つまり、人間的生を超越した普遍的なものによって道徳原理を（究極的に）基礎づけるという考え方をやめて、「ノイラートの船」（ドックにもどることなしに大海の上で修復を続けていくしかない航海中の船）のたとえよろしく、人間の生活世界の内部で暫定的に正当化するという考え方を採用することである。[16] いいかえれば、カントや功利主義の遺産を全面的に否定することではなく、カント的な義務論と功利主義的な目的論を（ヘアが試みているように[17]）折衷的に和解させることでもなく、両者がよって立つ地平を超えたところで両者の止揚を試みることが必要なのである。

実際にも本書でわれわれはそのことを試みてきた。第2章（II・2）で言及した道徳原理の正当性の要件には、カントが主張した「普遍性」の観点が再構成されて、選好の正当なモードとしてはっきりと採用されている。さらに、カント的な意志の自律／他律という区分や純粋／非純粋の区別も、（ここでは説明は差し控えるが[18]）道徳原理の本来の理解とそれとは異なるある種の理解（非本質的な理由の理解）との区別に読みかえられて、われわれの枠組みにおいても生き残っている。また他方、先に「道徳原理の本性」について述べた際、その基礎に、ヘアらの功利主義者が強調する「行為の結果に対する選好」という考え方が批判的に継承されていることも、すでに述べたとおりである。

啓蒙主義道徳の批判的再構成という課題は、当然のことながら、「知育・徳育・体育」「教育と教授」等々の二分法や三分法からの解放という教育的課題にもつながっていく。このような区分を暫定的に維持しながらも、知育が徳や道徳的態度、他者や自然との関係、感情や身体等々の問題と深くかかわっていることを自覚することや、（知行不一致現象への対応についてのこれまでの考察から容易にわかるように）道徳教育が認識や身体の問題と緊密に関係していることを自覚することが、心情主義的道徳教育論の克服のためには必要不可欠なのである。

II　近代認識論と伝達観・学習観

1　知の客観主義

心情主義的道徳教育論が近代の産物であることのもう一つの証拠は、西洋近代の認識論を特徴づける「知の客観主義」にそれが結びついていることにある。あるいは、心情主義的道徳教育論は客観主義的な認識論に依拠した近代教育論の一変奏として存在する、といいかえてもよい。

ここでいう知の客観主義とは、一言でいえば、知識が真なるものであるためには、最終的には非歴史的で自己完結的な〈実在〉によって基礎づけられたり、中立的で不変の〈探究母型〉によって正当化されなければならないとする近代的認識論に特有の枠組みである。すでに見たように、カントや功利主義者等々が説いた啓蒙主義道徳もまたこの枠組みに従っていた。それゆえ、ここで試みるのは、前節で述べた知と行為の乖離を、道徳知に固有の文脈ではなく、知の理論というより一般的な文脈の中で改めて確認することだといってもよい。

知の客観主義は、主観vs.客観、身体vs.精神、理性vs.経験、事実vs.価値、個人vs.社会等々をはじめとする、近代人になじみ深い諸々の二元論を生み出してくる枠組みでもある。いうまでもなく、知と行為の二元論もそうした二元論の中の一つにほかならない。だがいったいなぜ、知の客観主義は知行二元論をもたらすのか。一言でいえば、ほかならぬ知の客観主義それ自身の構造の中に、知識と行為の乖離をもたらす論理が含まれているからである。ここでは、知の客観主義を、知識と行為を一体のものとして捉える認識論、すなわちここで「知の解釈学」と総称するポスト近代的な知の理論と対比させることによって、知の客観主義における知と行為の捉え方の特徴を浮き彫りにしてみることにしたい。

知の客観主義は、人間の実践や状況にまつわる諸要因（＝主観的・経験的要素）に〝汚染〟されたり左右されたりしない（客観的・理性的な）知識やそれに基礎づけられた知識ほど真理性や正当性が高い、と考える。経験知や感覚知（客観的データ）による知識の基礎づけが唱えられる場合も、実践や状況を特徴づけている価値的諸要因からの自律こそが知識の真理性を高めるとされる。それに対して知の解釈学は、知識（真理性や正当性）は最初から言語的－社会的な実践や状況に埋め込まれており、それゆえ日常生活上の諸信念・信仰、価値観、欲求、感情、感覚、知覚、美的趣味、習慣、身体感覚、行動様式、等々と一体となっているとみなす。したがってそこでは、知識をもつことは（知と行の結びつきを断ち切ろうとする外的な力がはたらかない限り）自然に行為に結びつく。知識はいうなれば「生きてはたらく」というわけである。いうまでもなく、われわれが先に「深い理解」においては知と行為が結びついていることを指摘したとき（第1章・III・2）、依拠していたのはこの知の解釈学であった。一方、知の客観主義においては行為の動機・動因となる諸要素を捨象するほどに真理性や正当性が高まるのだから、真なる（正しい）知識ほど知識と行為の間には深い亀裂が入ることになる。

さらに知の客観主義は、一定の知の体系や手続きを探究の自明の前提とし、それに従って個人の「心《マインド》」の内部で行われる探究によって発見ないし創造されるのが知識である、と考える。[19] トーマス・クーン（Thomas S. Kuhn）が「通常科学」（normal science）の営みをたとえるときに用いた表現を借りると、客観主義は知識の探究を一種の「パズル解き」[20]、つまり〈確かに存在するはずの解を求めて一定の規則に従って営まれる探究活動〉とみなすのだ。その意味で、知の客観主義は認識活動を脱歴史化しようとする。リチャード・ローティ（Richard Rorty）が指摘するように、クーン的な「革命的」言説と「通常的」言説の区別に無自覚なまま、「その時代の特定の言語ゲームや社会実践や自己イメージを永続化しようとする試み[21]」に携わることによって、西欧近代で営まれている特殊な通常的言説にすぎないものを普遍的なものに祭りあげてしまうのである。

したがって、そのような探究によって得られた知識は、限られた場合を除けば行為につながっていかない。つまり、その「パズル解き」が前提にしている探究母型《パラダイム》——そこには方法論的規則（探究のモデル等々）だけでなく、価値観や知覚様式や身体感覚等々も含まれる——をたまたま共有できている人（つまり同様の言語的—社会的実践に従事している人）にしか、その知識は理解しえないし、その人にとってしか知識は生きてはたらくものとならない。そのパラダイムの外側にいる人にとってその知識は、自分には縁遠い、単なる記号でしかないのだ。そのことは、そのパラダイムの中の操作可能な部分（方法論的規則）のみを共有している人にもあてはまる。その人がどれほど自在に知識を操っている場合でも、その知識はせいぜい同種の「パズルを解く」ときにしか生きてはたらかず、その人の生活に決定的な影響を与えるところまではいかない。西洋の学問に従事する日本の学者や西洋的な政治制度に従事する日本の政治家の発言と行動がときどきあべこべになる（たとえば民主主義や男女平等を説きながら自分は家父長的権威をふりかざしたりする）のは、おそらくこのためである。このような事例が、すでに述べた知行不一致現象の(E)や(F)のケースを彷彿させるのはいうまでもない。

2　〈心の教育〉

こうして近代の教育理論は、近代認識論（知の客観主義）に依拠するものである限りにおいて、「知識と行為をどのように媒介するか」という解決不可能な問題を必然的に抱え込むことになる。近代の教育理論が想定している学習によって伝達される知識は、少なからぬ場合、頭の中に「間借り」するのみで、「生きてはたらく」ことがない（現実場面への応用が利かない）。そのため教育論は、知識を実効あるものにするための教育的手段や装置を新たに考案せざるをえなくなるということだ。心情主義的道徳教育論もまた、知と行為の乖離を克服するために要請される教育論の一つのバリエーションにほかならない。以下、このことについてもう少し詳しく説明してみよう。

知の客観主義にもとづく教育論は、最も素朴な形態をとる場合、普遍的・絶対的とされる知識の教え込みを企てる。ただし、知識（言語）そのものの丸暗記の強制や詰め込みだけがここでいう教え込みではない。なぜその知識は真理なのかについて、より普遍的な真理に訴えつつていねいでわかりやすい説明をすることも、ここでいう教え込みに含まれる。いずれにせよそこでは、知識は言語を通じて伝達されると考えられている。

言語による教授を通じて得られた知識が生きてはたらかないのはいうまでもない。その知識を産み出したのと同様の言語的―社会的実践に携わり、同様の「パズル解き」をたまたますでに営んでいる者にとっては、単なる言語も自らの探究や生き方にとって役立つものとなるときがある。しかしそうではない者にとっては、それはいわば血肉を欠いた他人事の知識にとどまるからだ。このような意味の言語主義の教育によって伝達された知識が実際の場面では使えないことと、ことばだけの理解によって生じる知行不一致現象の根が同じであることは、すでに前章で確認したとおりである（I・2）。

かくして、知識と行為の分断を架橋すべく、新たに別種の教育が要請されるようになる。たとえば、「習うより慣れろ」というかけ声のもと、知識が生成した固有の文脈から離れて反復や習熟をことさらに要求する訓練主義的教育がそれである。あるいは、(「基礎的な」学力等々と区別された)「応用力」をつけるための教育が特別に設けられ、教室で学んだ知識を実際の生活の中で使わせてみたり、教科書や参考書の「応用問題」を解くことが勧められたりする。さらには、(近年のはやりでもあるが)知識を現実生活で活かすために必要なスキルが取り出されて、ことさらに教えられたりすることもある。

だが、知の言語主義化のみが知識と行為の乖離を招来するのではない。同様のことは、知の客観主義にもとづく教育論のより洗練された形態にもあてはまる。その素朴な形態の教育論がもたらす知と行為(実践力)の分断のひどさを克服しようとして、その教育論のさらに洗練されたタイプは次のような伝達観や学習観を採用する。すなわち、個人の精神活動(たとえば直観や構成といった活動)を制御する方法論的規則(構造、典型例、モデル、イメージ、等々を含む)を教師が学習者向きに組みかえ、その規則に従った探究を学習の方法にすると同時に、その探究=学習を通じて一定の知識を習得することを知識の伝達とみなすのである。たとえばこの伝達観を道徳的知識(道徳原理など)の伝達に適用してみると、道徳的判断を正当化する(正当なものとして導出する)ための、学習者向きに再構成された探究の方法を習得すると共に、実際の探究を通じて道徳的判断を導き出すことが道徳的知識の伝達や学習となる。改めて確認するまでもなくそれは、多かれ少なかれ現代の多くの(とりわけ欧米の)〝進歩的な〟道徳教育論の基本的な枠組みとなっている。

しかしながら、このような学習によって伝達(習得)された知識もまた、行為や実践力につながっていくとは限らない。なぜなら、その知識には、（道徳原理という知識に関してはこれまで詳しく論じてきたように）知識の行為化・実効化に不可欠な情意的、身体的、状況的要素が根本的なところで欠けている可能性があるからだ。そしてそのような場合には、知識をどれほど自在に操作できようとも、その知識は学習がなされた文脈（学校的文脈）の内部でしか応用が効かず、現実生活の中では生きてはたらかない。そのため、知の言語主義を超えようとするこの洗練された形態の教育論においても、先述のものと大同小異の「知識を生きてはたらくものにする」ための教育が新たに必要になるのである。

心情主義の道徳教育と知識を生きてはたらくものにするための諸教育は、外見上は似ていないところの方が多い。けれども、これまで述べてきたことを踏まえていえば、この両者は深い縁戚関係にある。両者とも、探究を「個人の心の内部での概念やイメージの操作」として捉える認識論から派生したことを考慮に入れて、ここでは両方の教育の共通枠組みを〈心の教育〉と呼ぶことにしたい。心情主義的道徳教育論は、近代教育学が必然的に要請する〈心の教育〉論の一つのバリエーションにほかならないということである。

昨今声高に叫ばれる「心の教育」には心や心情に訴えかける教育というニュアンスがあるのに対して、知識を生きてはたらくものにするための教育にはそのような含みはほとんどない。にもかかわらず、ここであえて〈心の教育〉という用語で両者をくくるのは、両者の教育とも個人の心にはたらきかけることを教育の大前提としているからだけではない。〈心の教育〉は、心情主義の道徳教育――そこには学習（勉強）をさせるための動機づけの試み（第4章・II・3）のように、道徳教育というよりも「心の教育」として位置づけた方が似つかわしいものも含まれている――のルーツを指し示すことばとしてもふさわしいし、さらにいえば、そこでmindとheart（?）をトリッキーに結びつけることも、融通無碍にいろんなものを飲み込んでしまう「心の教育」の用法にどこか似つかわしいと思われるからである。

だがいずれにせよ、ここでは次のことに注目しなければならない。〈心の教育〉論はいずれも、あらかじめ損なわれているものを、その根本原因を省みることなく表面的に取り繕おうとするものでしかない、ということである。それゆえそれは、最初から失敗を運命づけられているのであり、つまるところ近代という時代の徒花にすぎないのだ。

さらに補足すれば、今日の日本社会で従来にもまして〈心の教育〉（心情主義の道徳教育、学習意欲を高めるための「体験」学習、訓練主義的教育、実践的なスキルの教育等々）が熱心に説かれる背景には、知のやせ細りという現象が隠されているといえよう。たとえば知の情報化である。知識と情報が混同され、知的活動が情報処理や情報活用に矮小化されがちな社会の中では、学校でも知の言語主義化がこれまで以上に広がってきているように思われる（たとえばインターネットの情報や専門家の見解の中に「答え」を見つけようとする傾向が強まるなど）。知の客観主義にもとづく教育論のより洗練された形態、つまり知識をそれに固有の探究の方法と一体のものとして捉える教育論さえも、（探究の方法が情報の「調べ方」等々のスキルに置き換えられることによって）次第に顧みられなくなってきている。ここにおいて〈心の教育〉は（もちろんいわゆる「心の教育」も）、情報処理にせわしなくかけずりまわる社会の補完物として、皮肉にも社会の無味乾燥化を支えているといわざるをえないのである。

3　伝達観・学習観の転換

以上のことを踏まえると、心情主義的道徳教育論を乗り越えるためには、知識と行為（実践力や応用力）の間の溝を埋めようとして、知識の学習のほかに、知識を生きてはたらくものにするための教育（「応用力」「実践力」「定着力」等々をつける教育）をことさらに要請する近代教育学の基本構造を組みかえていくこともまた必要になってくる。脱身体化され脱文脈化された〝知性〟しか形成されていないことの一つの個別的現象として、行為につながっていかない〝道徳的知性〟が形成される。そのような意味で貧困なる〝知性〟の形成をめざしてきた伝達観・学習観全体の中に心情主義的道徳教育論が組み込まれているのならば、その伝達観・学習観を転換させなければ「理解を深める道徳教育」も実際には効力あるものとはならない（あるいは骨抜きにされる）、ということである。

したがって、心情主義的道徳教育論の克服のためには、知の客観主義に依拠した教育観（学習観や伝達観）から脱却し、知の解釈学に依拠した教育観へと移行することが不可欠になる。知識を言語的―社会的な実践に埋め込まれたものとして、それゆえ身体や感情の次元のものを含む相互に複雑に連関している三次元的な意味ネットワークと一体となっているものとして捉え、知識の意味地平と学習者の既有の意味地平の「融合」こそが伝達や学習であるとする教育観への転換である。[22]道徳教育だけでなく、あらゆる教育が「深い理解」をめざすということである。そのような転換が成し遂げられるほどに、知識と行為を〝媒介する〟諸々の第三の要素は不必要になるであろう。

あえてつけ加えるまでもないかもしれないが、こうした教育観の転換はいわゆる言語主義や暗記主義の教育観の否定にとどまるものではけっしてない。そこでは客観主義の認識論にもとづいた教育論のより洗練された形態も否定されるからだ。本来の理解の意義を見失っているものであれば、批判や創造の契機や、学習主体による能動的構成の契機や、言語や記号の操作にとどまらないもの（感性や実感や想像力など）を相応に尊重している教育論であっても、乗り越えていかなければならないのである。

このような教育観の転換を後押しするかのように、近代認識論を特徴づける知の客観主義は今日、きびしい批判にさらされている。客観主義に対する批判は、哲学、社会学、歴史学、人類学、心理学などのさまざまな学問分野で、「基礎づけ主義」や「表象主義」や「近代的二元論」や「二項対立図式」や「物象化」への批判といった形を取りながら（それらが相互に影響を及ぼし合いながら）、プラグマティズム、解釈学、現象学、ポスト構造主義、ネオ・マルクス主義等々の理論的立場を超えて、今日の思想界の大きな潮流になっている。幸いなことに、学習観や伝達観の転換を果たすための基礎的な理論的条件は、次第に整いつつあるといえるのである。

III―深い理解を拒む社会

1　理解なき行為は必要か

理解を深める教育を提唱するわれわれに対しては、理解することとは無関係に行為できることをめざす道徳教育を主張する人々から、以下のような反論が寄せられる可能性がある。それらの反論は、近代社会の構造と心情主義的道徳教育論の深い結びつきをあらわにしてくれる点で重要な意味をもつ。よってここではその主張を大きく二つに分け、その適否についてそれぞれ検討してみたい。

まず第一の反論は、本書でいう「理解」の意味規定に原則的に同意する。しかし事実問題として、道徳原理について理解させることは必ずしもたやすい仕事ではない。そうであれば、理解すれば実際に理解した通りに行為することを認めたとしても、理解なしに行為できるようにする教育方法も相応の有効性をもっているのではないか、という反論である。少なくとも一定の重要な道徳原理に関しては、理解が十分に熟するのを待っている余裕はないから、道徳原理を理解する以前から行為できるようにしなければならない、という主張である。このような見解について検討するためには、まず、「理解が熟するのを待っている余裕がない」の意味を次の二つに分けてみる必要がある。

(a)　道徳原理を理解するためには、その原理のいわば背景知としての諸々の三次元的な意味連関を自己の既有の意味連関に組み込むことによって、自己の意味ネットワークを新たに編み直すことが不可欠であった。だが理解する側からすれば、そのためには長期にわたる経験の積み重ねや理論的学習が必要である。あるいは、理解へ導くための教育的なはたらきかけをする側からすれば、教育内容研究や教材づくりを考えただけでも、それはけっして容易な仕事ではない。さらに、理解の外部にあって道徳原理からの逸脱を誘発する客観的要因に関していえば、表面に現れているものはまだしも、より根深いものまで取り除くのは、少なくとも短期的には不可能である。しかし、だからといって、それらの問題が解決されるまでは（正当な道徳原理に背いて）盗みをしたり他人に暴力を振るったりしても構わない、ということにはならない。その意味で、理解が熟するのを待っている余裕はない。

(b)　今述べたような意味で時間も手間暇もかかる「理解」を一人ひとりに保障する余裕は社会にも個人にもない。そのようなことをしようとすれば、社会的コストはかさみ、経済は停滞する一方であろう。このめまぐるしく変動する社会で、社会システムを効率よく運営するためには、理解を深める教育は大きな障害となりかねないのである。同様に、個人の場合にも似たようなマイナスの副作用が生じる。時間と労力をかけて一つひとつ道徳原理を「理解する」とすれば、その他の知識に関しては、学習する総量も質も低下する。すなわち、道徳原理の理解をめざすことによって、個人の知的能力や学力の停滞という代償を支払わねばならないのである。そもそも社会にも各個人にも、それ自体の目的があるし、その目的のより効果的・効率的な達成こそがめざされなければならない。そうした目的の達成のために障害となるようなものはある程度犠牲にせざるをえないが、ここでは「理解」がまさにそうした障害なのである。このようなわけで、社会にも個人にも、一人ひとりが道徳原理についてじっくりと理解するのを悠長に待っている余裕などないのである。

2　実証主義的――資本主義的な社会

あらかじめ結論を述べておけば、われわれは(a)の主張にはあえて反対しないが、(b)の主張には基本的に反対する。(a)は「理解」の意義を積極的に認めているが、(b)は「理解」に本質的な意義を認めていないからである。あるいは、(a)は人間性や人間社会の特質に照らしてごく一般的な事実を指摘しているにすぎないが、(b)はきわめて重大な理論的あるいは実践的な問題をはらんだ近代社会の構造を前提にした主張だからである。この(a)の問題については次のIV節で改めて論じることにして、ここではまず近代社会の問題点を指摘することを通じて、(b)の主張を斥けておくことにしよう。

(b)の主張は、一言でいえば、次のような社会を自明の前提とし、それを立論の出発点としている。「自己保存」や「資本のさらなる蓄積」を暗黙のうちに自明で究極の目的としてはいるが、人々の自覚的な意識のレベルでは価値相対主義の目的論を唱え、目的の達成のための手段の選択についてのみ合理性を問いうるとする社会である。つまり、「もっと(物質的・精神的に)豊かになる」「自己の生を明日につなぐ」といった目的を(暗黙のうちに)抱いた各人や、「さらに拡大する」「生き残る」といった目的を(暗黙のうちに)抱いた各組織が、その目的の達成をめざして、可能な諸手段を比較考量(客観的データにもとづきつつ計算)した上で、効果的・効率的な手段の組織化や機能システムの管理に邁進する近代の資本主義社会である。今日の情報消費社会は、近代工業化社会とは異なる側面を多々有しているためにポストモダン社会と呼ばれるときがあるが、そこでも今述べたような近代社会の構造がむしろ従来以上に徹底していることを見過ごしてはならない。

ところが、その社会が依拠している合理性（目的合理性や道具的理性）は、近代認識論に依拠した諸思想の中で今日依然として最も実際的な影響力をもっている「実証主義」（事実・データや数学的論理やそれらに裏づけられた因果法則のみを信頼に値するとみなす思想）に特有の合理性にほかならない。だがすでにふれたように、この実証主義を支えている知の客観主義は近年、ポスト近代的な知の理論（知の解釈学）への移行という大きな流れの中できびしい批判の砲火を浴びてきた。特に実証主義に即していえば、それが絶対的な信を置いている「観察や知覚の中立性や明証性」という考えがさまざまな難点を抱えていることは、科学論の内部からも指摘されている。[23]だとすれば、(b)の主張が前提にしている近代社会は、認識論的に重大な問題をはらんだ合理性に立脚しているといわざるをえない。

しかしながら、問題点はこうした純理論的なものにとどまらない。この意味の近代社会が悲惨で野蛮な事態をもたらすこともまた、近年勢いを増してきた近代批判の思潮の中で、周知のようにさまざまな角度から指摘されつつあるからだ。二、三〇年前からいわれていたとはいえ、特に最近では（思想的問題に特別な関心があるわけではない）広く一般の人々の間でも、近代社会のこの病弊ははっきりと実感されつつあるといってよい。たとえば次のようにである。

知識や人々の生のあり方にまず目を向けてみよう。するとこの近代社会では——今日の日本社会がまさにそうなのだが——、知識は、世界（自然や社会）や自己をより深く理解する（従来の見方を深化させたりひっくり返したりする）ための道具であると同時に、じっくりと味わわれ享受される目的物というよりも、むしろ人から与えられた目的や自ら選択した目的（私的満足）を効果的・効率的に達成するための単なる道具にすぎない。さもなければ、数値で測定される「交換価値」（貨幣のように他のものとの交換の媒体としてしか役立たないもの）の側面のみが肥大化した単なる記号列や命題群でしかない。そして学校でも学校外でも、人々はそうした（上記いずれかの意味で）"生活に役立つ"知識——それらは科学やテクノロジーに関する知、経済情報、金融知識、英語、レジャー・旅行や健康・美容に関する情報等々から、学校学習の結果としての学力、資格取得に必要な知、その他の受験知まで多岐にわたる——を飽くことなく追い求め、その獲得競争に駆り立てられている。(24) それゆえ個々の人間も、自らの生を楽しみ迷いつつ生きる独自の存在（かけがえのない存在・他にかえがたい存在）としてそれ自身が目的とみなされるよりは、むしろ組織や個人の一定の目的を実現するために役立ったり役立たなかったりする単なる手段や資源（他に取りかえのきくもの）としてみなされるようになる。お互いが「有効活用か、さもなければ無関心や排除か」の関係になってしまうのである。

さらに、知識や人々の生のそのような変化と並行して、自然は傍若無人な「開発」の単なる対象に成り果ててとりかえしがつかないほどの破壊（環境＝生態系の破壊）にさらされ、また人々の間にも新たな搾取や不平等や差別（「南北対立」や「民族対立」等々）がもたらされる。もちろん昨今では、個々の人間の知識だけでなく身体や感情も「自然」同様の「乱開発」の対象になりつつあるし、人間の知・身体・感情の全体が管理＝操作の対象に成りさがることによって、社会の倫理的問題に対する根本的な批判精神を失ったまま、人間の生が本来もっていたダイナミズムや自律性を失いつつある。そしてそうした歪みの隙間に巣くうのが、戦争やテロリズムであり、あるいは〝平和的な〟形態の暴力や抑圧であることについては、もはや多言を要すまい。今日の〝平和な〟日本社会の（あるいは先進諸国の）子どもたちが受けている先述の抑圧（第3章・III・3）が、情報消費社会への移行に伴ってむしろ強化されつつある近代社会のこれらの抑圧や暴力と地続きであることは、これまた改めていうまでもなかろう。

ここで再び(b)の見解にもどってみたい。この見解が実証主義的―資本主義的な社会としての近代社会を前提としている限りにおいて、それを支持することは、今述べたような理論的問題や重大な抑圧・破壊・暴力等々の再生産や拡大に手を貸すことになる。さらに、その社会構造のもたらす抑圧が知行不一致現象（(N)のケース）の背景と地続きであることを考えると、それは今日の子どもたちに（大人たちにも）散見される自己をめぐる危機や他者関係の病理をさらに促すと同時に、そこから生じる知行不一致現象や逸脱・犯罪の発生にも一役買っていることになる。

おまけに、そこでいわれる「深い理解は社会的コストを引きあげる」云々の主張や、「道徳原理の理解をめざすことによって、個人の知的能力や学力の停滞という代償を支払わねばならない」とする主張の方も、あまりにも近視眼的である。というのも、深い理解こそが長期的に見て（克服すべき）知行不一致現象の解消のためには最も効果的だからであり、理解を無視して心情主義の道徳教育論に頼ることは逆に、知行不一致現象の拡大再生産、学習者への心理的抑圧、〈他者〉の声の抹殺、支配的権力の再生産、道徳の衰弱＝法の専制といったさまざまな問題（第4章・II）——説明は省くがそこに学習意欲の低下を加えてもよい[25]——を引き起こすことになるからである。それでも(b)の見解を支持する理由は、いったいどこにあるというのだろうか。

3　深い理解の希少性と正当性

今述べた問題に直接関係するので、先の(a)の見解について検討する前に、われわれの主張に対する第二の反論に耳を傾けてみよう。それは、われわれが提起する「理解」の意味規定そのものへの懐疑である。——その「理解」と人々が日常的に行っている理解とはその実質があまりにもかけ離れている。そこでいわれる「理解」はあまりにも理念的であり、それゆえ非現実的すぎるのではないか、とする反論である。人間が仮にこのような「理解」をすることがあるとしても、あくまでも例外的な場合であり、それゆえ日常的な場面であらゆる人に「理解」を要求することも、それによって知行不一致現象を克服しようとすることも基本的に間違っている、ということである。こうした見解に立って、たとえば法学者の森村進はいう。

「是非」を……違法性に関するものと解するにせよ、あるいは道徳的善悪と解するにせよ、現実に人は是非の判断に反した行為を行うことがあるだけでなく、そのような行為を行いたくなくても行ってしまう場合さえある。人は、道徳的にも法律的にも許されておらず、また自分の利益にもならないと思いながらも、抵抗できない非理性的な欲求に従って犯罪を働いてしまうかもしれない。そんな時は「本当は」是非を知らなかったのだ、などと言うのは、「知る」の概念を日常的なものから自分の都合のよいものに変えることによる言い逃れにすぎない。一般的に言って、人はしない方がよい（自分のためになる）と信じていることを、意識しつつ行ってしまうことが珍しくない（「意志が弱い」と言われるのは、その傾向が特に著しい人のことである）。その限りで、「知情意の一体性」などという標語は、人間の行為についての主知主義的すぎる把握に基づくものとして無視すべきである。(26)

これが本書でいう「理解」の類を念頭に置いた上での発言ではないのなら、ここであえて反論するまでもない。これまでの議論を改めて振り返ってもらえばすむからだ。しかし、この見解は、われわれの理解の捉え方に対する正面からの異論である可能性もある。その場合には、われわれとしては以下のように返答したい。

日常生活で人が「なるほどよくわかった」「心から納得した」「腑に落ちた」「胸に響いた」などというとき、たとえ十全な形ではないにしろ、本書でいう「深い理解」をしている場合が事実として少なくないということである。少なくとも、人々がそのような理解をたえず志向しているということだけは確実にいえよう。実際、知行不一致現象の原因についての本書の分析に原則的なところで反論できないとすれば、そのときその人は、人々が日常的に（たとえ十分・適切でなくても）道徳原理を理解しようとしている事実を暗黙のうちに認めているといわざるをえないのだ。

もちろん、「深い理解」が日常生活の中では実際には稀にしか見られない可能性はある。日常語としての「理解（する）」にはさまざまな段階やレベルを設けることができるが、目的合理性や道具的理性が依然として支配的な今日の社会においては、ここでいう「理解」とは異なる表面的な（つまり脱身体化・脱文脈化した）〝理解〟は、言語主義的な〝理解〟に限らず実際にも少なくない。だが仮にそうだとしても、その事実は断じてその「理解」の要求が不当であることの証拠にはならない。「理解」の要求の不当性を主張するためには、その希少性・非日常性ではなく、あくまでもそれ自身の不当性を明らかにしなければならないからである。

こうしてみると、この第二の反論の実態は、結局のところ第一の反論の(b)のタイプのいいかえにすぎないことがわかる。というのも、実証主義的―資本主義的な社会としての近代社会においては、「理解」の実現が妨げられて表面的な〝理解〟が遍在することになるが、この第二の主張は、その表面的な〝理解〟の一般化・常態化を前にして、権利問題と事実問題を混同し、「人々にあまねく共有されているもの・事実として広く存在しているものは正しい」とみなしていると考えられるからである。つまり暗黙のうちに、近代社会を広く覆っている〝理解〟の正当性を自明なものとして仮定し、それを立論の出発点としているといえるからである。それゆえこの第二の反論も、つきつめれば実証主義的な認識論や近代社会の基本構造を自明の立脚点としているといわざるをえないからである。

したがって、この反論に対するわれわれの返答は、最終的には先の(b)のタイプへの反論の場合と同じである。一言でいえば、この主張もまた、近代社会を席捲する「理解」に抗う力に自ら屈服することによって、近代認識論の抱える理論的アポリアを隠蔽することや、近代社会の構造が引き起こす先述のさまざまな深刻な実践的・倫理的な暗部を再生産することに手を貸しているのである。

4　理解を深める教育を可能にする社会へ

これまでの考察によると、近代認識論に特徴的な知の客観主義に支えられた実証主義的―資本主義的な社会としての近代社会の基本構造は、本書でいう「理解」の実現を妨げる傾向をもっていた。グローバルな競争にさらされ変化の激しいこの社会で、各自の私的満足や社会組織の維持・拡大を効果的・効率的に達成するためには、「理解」など邪魔ものでしかないし、あまりにも現実離れしている、というわけである。だとすると、理解を深める教育をどれほど熱心に説いたところで、社会がその教育に抗い、それを排除する傾向を有している限りにおいて、その教育は実際にはうまくいくはずがない。そのような社会の中で培われてきた人々の心性からすれば、理解を深める教育など、その意義がほとんど理解できないか、せいぜい「頭の中でわかる（心から納得はできない）」

程度であろうから、それこそ「わかってはいるけどできない」ことになるはずだからである。

そうであれば、心情主義的道徳教育の克服のためには、「理解を深める教育」をめぐるこのきわめて根深い知行不一致現象こそを克服しなければならない。そのさい、問題解決の糸口となるのが先の(F)のケースである。理解する対象は道徳原理ではないし、それゆえ非正当と正当の区別も「深刻な問題を抱えたもの」と「比較的問題が少ないもの」といった区別に置き換えた方がいいのだが、そうした点を除けば、今問題にしている知行不一致現象は先の(F)のケースと同様の構造をもっているからである。だとすれば、問題解決の要諦もこの両者は原則的なところでは同じであるといえよう。すなわち、「理解を深める教育」について理解するためには、特定の知識・情報を与えたり体験をさせたりするだけでは明らかに不十分であり、むしろ人々の矮小化された理解観を背後で支えている観念的・物質的な諸制度や諸条件を変えていかなければならない、ということである。

では、そこでいう観念的・物質的な諸制度や諸条件とは具体的に何を指しているのか。それこそが、本章で問題にしてきた、近代に特有の道徳観、認識論や教育観（伝達観・学習観）、そして近代社会の実証主義的―資本主義的な構造である。いうまでもなく、それらは、因果関係の中で階層構造をなして結びついているのではなく、いわばネットワーク状に関連し合って一つの大きな全体を形成している。それゆえ、それらは相互に複雑に絡み合う中で相互に正統化や再生産を成し遂げている。これらの全体はいうなれば複雑な共犯関係にあるのだ。

もちろん、ネットワーク内の各々の要素が等価であるとは限らない。社会の実証主義的―資本主義的な構造がいわば「土台」となって、道徳観や認識論といった「上部構造」を可能にしている側面は否定できないからだ。しかし、近代の道徳観や認識論こそが実証主義的―資本主義的な社会構造を可能にしている側面も間違いなく存在する。他の側面に目を転じれば、近代の道徳観や認識論や近代社会の基本構造が心情主義の道徳教育論を要請しているだけでなく、逆に心情主義的道徳教育論がそれらを支えてもいる。あるいは、心情主義的道徳教育論と近代の教育論一般も、〈心の教育〉という共通の枠組みの内部で相互に支え合っている。

いずれにせよ、心情主義的道徳教育論は、それぞれ相互に緊密に結びついている近代の道徳観、認識論と教育観、社会の基本構造の中に組み込まれ、それらの全体によって支えられている。だからこそ、心情主義の道徳教育論を乗り越えるためには、単に理解を深める教育を対置するだけでは不十分なのであり、それを支えている物質的・観念的な制度や条件の全体を組みかえていかなければならないのである。とはいえ、(再び「ノイラートの船」のたとえを用いれば) 繋留すべきドックがもはや当てにできず、大海を航海しながら自らを修復していかざるをえない船に乗っている限りにおいて、心情主義的道徳教育論、近代の道徳観、認識論・教育観、社会の基本構造が複雑に絡まり合ったシステムの全体を、地道にこつこつとであれ一気呵成にであれ、システムの外側から変えていくことはできない。

かくして、ここである種のペシミズムが頭をもたげてくる可能性がある。――心情主義的道徳教育論を克服するために必要な課題がこれほどたくさんあると、どこから手を付けていいのか皆目見当がつかない。しかも、一つの課題の克服が別の課題の克服に依存しているとなると、どこにも問題の突破口は見いだされず、結局は同じところを往ったり来たりの不毛な堂々めぐりに陥るのではないか。いずれにせよ、われわれは出口のない檻に入れられているというべきであって、心情主義的道徳教育論の克服は実際にはもはや不可能なのではないか、とする悲観論である。

権力の偏在説に対する古典的な革新派からの批判を思い起こさせるこの見解は、しかしあまりにも形式的すぎる。問題の根源が重層的であり、よって解決の手がかりが拡散していることは、見方を換えていえば福音でもある。それだけ解決の手がかりが数多くあることになるからだ。

そもそも、構造的なもの（システム）の変革は、一つひとつの要素の変革の総和として起こるのではない。社会を含む「非平衡システム」の秩序生成論（自己組織システム論）に従えば、ミクロ（要素）のレベルで起こった揺らぎ同士が強化または相殺し合う中で、さらにはミクロ－マクロ間で相互触媒的作用が起こる中で、マクロの構造の「相転移」が一気に生じることによって新たな構造は形成される。[27] 近代の道徳観、認識論と教育観、社会の基本構造が一つのシステムとして複雑に絡まり合っているのならば、それらは一つひとつ別個に克服されるべきものというよりも、システム内の揺らぎが共鳴しあうことを通じて、ある時点から雪崩を打ったかのように一気に全体が組みかえられていくということである。

そうであれば、日常生活の中の何気ない場面で各人が（すでに述べたような意味での）〈近代的なもの〉からの逸脱を試み、生活の中に多少なりとも揺らぎをもたらすことが、問題解決へ向けての最初のステップとなろう。時にそれは、伝統的な道徳的規範（たとえば禁欲、忍耐、勤勉など）からの逸脱として非難されるかもしれない。しかし、そうした「ふまじめさ」は、道徳的理解を欠いたまま法をきちんと守る「まじめさ」（第4章・II・6）よりも、しばしばずっと道徳的なものに貢献する。正当な道徳原理への一方的な信仰を戒めたのも（第4章・I・4）、一つにはこうした積極的な意味をもつ〝問題行動〟を擁護するためであった。

ミクロなレベルでの改革で特に力を発揮しうるのは、上記の近代的諸制度から従来以上に強い抑圧を受け、その問題点を肌身で感じている若い世代の人々であろう。ここでは幸いなことに、傷つけられてきたことによる痛みが積極的な力に反転する。日常生活の中で近代的な諸制度に亀裂や揺らぎを入れることが革命の最初の一歩だとすれば、そのような静かな革命はあちこちですでに始まっているといえるのではなかろうか。ここで期待している方向に進むか否か、予断は許さないけれども。

ここでは、物質的・観念的な諸制度や条件が変革されない限りは、理解を深める教育などやっても無駄だ、と主張しているわけではない。たしかに、現在の諸制度・諸条件のもとでは、そのような教育はうまくいかない場合もあろう。しかしながら、そのような試みも、たとえそれ自身が失敗に終わったとしても、既存の近代的な諸制度・諸条件を組みかえていくという点から見れば一つの重要な貢献になるはずである。目的合理性にもとづいた近視眼的な見方をすれば失敗以外の何ものでもないものも、より広い見通しをもってながめれば成功である場合は少なくない。

だとすれば、ここではむしろ次のようにいった方がよいかもしれない。理解を深める教育を行うために近代の道徳観、認識論と教育観、社会の基本構造の全体を再編するという〝大事業〟の一つの手がかりは、意外にも理解を深める教育を実際に試みることの中にある、と。その試みの輪が、近代の道徳観や教育観や社会の基本構造に揺らぎをもたらす他の諸々の試みと共振していけば、理解を深める教育を成功に導くための条件も次第に整えられていくことになろう。

心情主義的道徳教育論を克服するための手がかりはあちこちに転がっている。ここではむしろ、楽観論こそが戒められるべきなのかもしれない。

Ⅳ―理解の限界と制約

１　深い理解の困難

残されていたもう一つの問題にもどろう。第一の反論の(a)の主張についてである。われわれはすでにそのようなタイプの反論にはあえて反対しないと述べた。道徳原理の理解は時間を要するし、教える側にも学ぶ側にも多くの困難が伴う。したがって、道徳的理解の実現をめざしつつも、同時に理解がなくても道徳的に行為できるようにすることが、いわば緊急避難的措置としては避けられないからである。

これは、サンクションを用いて行為能力を直接に形成しようとする教育に、暫定的ながら意義を認めることでもある。行為を規制するために教育の場面で用いられてきたサンクションにはさまざまな種類がある。「ほめる・叱る」やいわゆる賞罰だけではない。「励まし合う・支え合う」ことが（共同体実践に共に従事することから生まれた）内発的な相互支援のはたらきかけというより、〃場の雰囲気〃や集団の見えない圧力の中で相互に行為期待（あるいは監視）のまなざしを向け合うことを意味するとき、それもサンクションとして機能する。

ただし誤解してはならないのだが、サンクションを用いた教育にしかるべき位置を与えることは、心情主義的道徳教育を暫定的に容認することでは断じてない。たしかに、この両者は、理解を深める教育の代替物として用いられるという点で共通している（第4章・II・6／第5章・I・2）。加えて両者とも、外見がたいへんよく似ていることがある。たとえば「叱る」ことである。①負のサンクション（制裁）として叱ることも、②たるんだ心に気合いを入れるために叱ることも、見ただけでは区別がつかないことが多い。しかしこの両者は次の点で決定的に異なっている。すなわち、サンクションの利用は、行為の結果がどのような制裁（報奨）をもたらすかを正確に知り、その意味を実感した上で否定的なもの（肯定的なもの）として質的に価値づけするという契機を含んでおり、その意味でそれは「理解を深める教育」と明らかに連続性をもっている。サンクションによって直接に行為能力を形成すると述べたが、心情主義的道徳教育とは異なり、それは「理解」を無視しているわけではないのである。

ついでにいえば、本章の最初の方でふれたことを考えると、「叱る」にはさらに別の意味があるということもできる。③活動が「よさ」からはずれていることに気づかせる「教え」（I・1）としての「叱る」である。③と①のどちらが歴史的に古いのかはここでは問わない（これまで述べてきたことを踏まえれば、おそらく①は道徳的理解に頼れなくなった近代になって支配的になったと思われるが、真偽のほどはわからない）。しかし、①や③と比べれば、②の「叱る」はきわめて特殊であり、おそらく相当に新しいと考えられるのである。

サンクションを用いた教育と理解を深める教育の間には連続性があると述べた。だがこの両者の間にはもちろん決定的な違いがある。道徳的理解を深める教育は、一つひとつの道徳原理の内容を考慮するが、サンクションを用いた教育はサンクションの軽重にしか目を向けず、道徳原理の正当性について問わない。そのため、サンクションを用いた教育がどれほど秩序維持に成功しようとも、それだけでは「わけがわからぬまま何ものかに操作されている」という自己疎外感が生まれかねないし、サンクションさえ回避できればどれほど不当なことでも平気で行う人々がつくりだされる（第4章・II・6）。要するに、道徳的理解をめざす教育は、サンクションの威力に抗して、正当な道徳原理に従ったり、逆に正当ではないものには従わない（あるいは従うべきものに変えていく）ことを判断し実行する力を養うことを、その本質的な部分として含んでいる。これらの点で、サンクションを用いた教育には決定的な限界があるといわなければならない。それはあくまでも、道徳原理の遵守すべき緊急度、道徳原理の内容の複雑さ（教え方のむずかしさや理解の難易度）、学ぶ側の理解能力の未熟さ、等々のゆえに緊急避難的に用いられるべきものにすぎないのだ。[28]

したがって当然のことながら、行為能力の形成に効果があるのならどのような種類のサンクションでも利用して構わない、という（目的合理的な）発想は許されない。サンクションは、少なくとも、(a)理解を深める教育に従属すること（たとえばサンクションの軽重よりも個々の道徳原理の内容に関心を向けさせること）、(b)理解を深める教育と方法論的な連続性・整合性を維持すること、といった条件を考慮に入れて選択されなければならないのである。

2　完全な理解の不可能

サンクションを用いて行為能力を直接に形成するための教育が暫定的意義をもっているのには、もう一つ別の理由もある。道徳原理について十分かつ適切に理解していたとしても、実際にはその通りに行為できない場合が存在しうるからである。なぜか。

一つには、道徳原理について完全に理解するということは、理解の全体論的性格を反映して実際にはありえないからである（第2章・Ⅲ・1）。ごく身近な例で考えてみよう。「〈プラスティックのゴミ〉と〈燃やしていいゴミ〉は分けて捨てなければならない」という原理の存在意義を十分かつ適切に理解し、日頃はその通りに行動している人がいるとしよう。ある時、その人が手にしたゴミはプラスティックか紙かよくわからないものだった。その人は見た目や手に触れた感覚から紙と考えて燃えるゴミに出したが、実際にはそれはプラスティックだったのだ。そのとき、事情を知らない第三者はその人の行動を、やる気のなさや意欲の欠如から生じた知行不一致現象としてみなす可能性がある。けれども実際は、その人は、プラスティックと紙の概念について不分明なところがあったために、当の原理を一般的な状況に妥当する原理としては十分かつ適切に理解していたが、その特殊な事例までカバーできるほど完全には理解していなかっただけなのである。

もう一つ別のケースも考えられる。「地平の融合」としての理解は、理解する対象（この場合は道徳原理）の意味を多少なりとも変えてしまうときがある。理解が不適切だからではない。ガダマーの慧眼が見抜いたように、その本来の性格からして「およそ理解するとは、別様に理解することである」[29]からだ。たとえば、「食べ物は大切にすべき（粗末にしてはいけない）」という原理の意味は、理解する側がどのような生活環境で生まれ育ったかによって、大きく異なる可能性がある。一例をあげてみたい。物質的に豊かな社会に生まれ育った日本人が、できる限り努力したにもかかわらず残ってしまった賞味期限切れの食べ物をゴミとして捨てたとしよう。それを見たある人（たとえば戦時中や戦後間もない頃にひどい飢えを経験したことのある日本人）は、その行為を「食べ物を大切にすべきとわかっているのにやらない」現象とみなし、「（食べ物への感謝を教えない戦後教育がもたらした）貧しい心」のせいだ、と考えるかもしれない。けれども実際にはそうとはいえない。前者の日本人がその食べ物の「賞味期限」の意味を誤解していた（たとえば食中毒にならない限界として理解していた）のなら、すぐ前で述べた完全な理解に達していない事例として位置づけることができよう。しかしそうでない場合（たとえば味が変質している可能性があるなら食べたくないと考えた場合）には、どちらの人もその原理を十分かつ適切に理解しているが、生まれ育った生活環境（言語的—社会的実践）の違いのせいで、同じ原理を異なって理解しているといわざるをえないのである。

以上のような場合からうかがえるように、十分かつ適切に道徳原理を理解していても、状況によっては知行不一致現象やそれに見まがうものが生じるときがある。しかもそれは時として、早急に回避すべき結果をもたらすことがある。たとえば今あげた食べ物の事例において、豊かな社会に育った日本人が実際に飢えに直面したとき（あるいは遭難のようにそれに類する状況に置かれたとき）、これまでと同様の振る舞いに至ることはきわめて否定的な結果を招く可能性がある。そのような事態を防ぐためには——本来はそのような状況になじんでいく中で当の原理をゆっくりと理解し直せばいいのだが、多くの場合そのような余裕はないだろうから——、サンクションを用いた教育（賞味期限を過ぎているが実際には食べられる物を捨てようとしたときには叱責するなど）が必要になろう。

さらにいえば、人間の能力や知識には限界があるし、人間の置かれた状況は不確実でもある。そのため行為が他者に与える影響は少なからず読めないし、行為には予期せざる結果も絶えずつきまとう。したがって、理解がそのような意味で完全ではありえないとすれば、それに従って行為することへの迷いやためらいが生じる余地はつねにつきまとう。であれば当然、そうした余地に乗じて、判断と行為の不一致という現象も生じうる。「お酒をやめるべきとわかっているがつい飲んでしまう」場合で考えてみよう。この場合その人は、お酒を飲むことが自分の病気に与える影響を（その怖さも含めて）十分に理解している。しかし、自分の病気に悪い影響を与えるのはお酒だけではないし、大好きなお酒をやめることは逆に精神状態に悪い影響を及ぼすと（正しく）考えている。そこで、お酒を飲むことの功罪を総合的に秤量した結果、迷いつつも飲んでしまうのである（したがってこの場合ももちろん、意志の弱さ等々が知行不一致現象の原因ではない）。しかし、そのような判断は結果として間違っている可能性があるし、ひょっとしたら取り返しのつかない事態をもたらすかもしれない。かといって、これ以上「お酒をやめるべき」という原理について理解を深める余地もない。そのようなとき、サンクションの利用は（たとえばお酒をやめ続けられたら〝自分へのご褒美〟をあげるなど）、理解のそのような不完全さを埋め合わせてくれるのである[30]。

だが、次のような場合には事情は異なる。たとえばジョン・ロールズ（John Rawls）の「正義論」の支持者なら、行為結果が不確実な状況では、結果が確実と想定されるときに下した当初の決定を翻し、最悪の結果を最小にしようとするマキシミン・ルール（maxmin rule）を新たに採用するかもしれない[31]。だがその人の振る舞いは、状況の不確実性を考慮に入れない人からすれば「わかっているのにやらない」現象に映るであろう。もちろんその場合も、知と行為の不一致の原因は人間の意志の弱さなどではなく、行為結果についての理解の（不十分さではなく）不完全さにある。しかしそのような判断は、行為結果をめぐって迷いつつ下されたのではない。それゆえ、そこでの判断と行為の不一致に関しては、サンクションの利用によってその隙間を埋め合わせる必要はないのである。

いずれにせよ、ここで取りあげたような意味での理解の不完全さは、人間が神でない限り避けられないのであり、当然それはもはや克服しようがない。したがって、その理解の不完全さから知行不一致現象やそれに見まがう現象が生じ、かつそれが回避すべき事態をもたらすとき、そこにサンクションを用いて行為能力を直接に形成する余地が生れてくる。しかしながら、道徳原理について十分かつ適切に理解しているのに、理解した通りに行為しない場合があったとしても、ロケットモデルにもとづく心情主義の道徳教育にもどることはやはり許されないのである。

3　悲劇の彼方へ

一九世紀末以来、知的活動は目的合理的活動や戦略的活動との結びつきを次第に深めてきた(32)。そして近年、知的活動はついに、そのような活動の下僕に成りさがろうとしている。つまり、いかに目標を設定し（あるいは与えられた目標の中からどれを選択し）、その目標を限られた時間内でいかに効果的・効率的に達成するか（要するに「結果を出す」か）、という課題に知的活動が従属しつつある。その結果、知がもっているその他の豊饒な可能性は放逐されんばかりになり、「有用性」や「意義」など度外視して常識の壁を突き破ろうとするあの力強い知的探究のみがもっているラディカルな批判的精神は失われようとしている。経済性や効率という画一的な価値に拘束されている〝自由な〟市場経済のもとでの知的活動がこのような傾向をもっているのはある程度予想できるとしても、今日ではあろうことか――好意的に理解すればおそらく市場の論理と説明責任《アカウンタビリティ》の狭隘な解釈が結託した結果であろうが——、知的探究の牙城を任ずる大学にまでそのような傾向がはっきりと及びつつある。

道徳教育論とて例外ではない。たとえば現行の（二〇〇〇年度から実施の）教育職員免許法施行規則においては、「もはや理論研究を悠長にやっている余裕などない。成果が目に見える、即効性のある教育実践あるのみ」とばかりに、道徳教育関係の必修科目は「道徳教育に関する科目」から「道徳の指導法」(33)に変えられた。そのため大学の教員養成課程（あるいは一般学部の免許取得コース）では、個々の大学教員が批判的探究者としての自律性をきちんと自覚しない限り、「道徳とは何か」とか「なぜ道徳教育は必要なのか」といった本質的な問題が問われることのないままに、「いかに『道徳』の授業を行うか（「どうすれば子どもたちが授業に積極的に参加してくれるか」「教材の効果的な提示の仕方は」等々）とか「どうすれば子どもたちの問題行動を防ぐことができるか」「いかに家庭や地域と連携するか」といったことのみが授業の主題になっていく。それゆえそこでは、「道徳的判断力とは何か」や「道徳的実践意欲があるとはどういうことか」が問われないままに、いかにそれらを形成するか（「そのためにはどのような工夫が授業に必要か」等々）のみが問われていく。その結果、人間が本来志向している道徳的理解が無視されることによって、心情主義的道徳教育論は今後もこれまで以上に広まっていく可能性は高い。実際にもその理論は、「体験が豊かな心を育てる」といった類の粗雑きわまりないスローガンを掲げた新しいヴァージョンに変貌を遂げつつ、近年むしろその勢いを増してきている。

けれども、われわれがこれまで述べてきたことに従えば、目的合理的活動や戦略的活動が幅を利かせ、日常生活から深い理解を自然に促してくれる場としての共同体実践が奪われていく中で、心情主義的な道徳教育論に従って学校の教師や大人たちがまじめに教育を行うほどに、思いもよらない深刻な非／反道徳的な帰結がさまざまにもたらされることになろう。近代の啓蒙主義的道徳観、認識論、学習観・伝達観、実証主義的―資本主義的な社会構造、これらが複雑に絡み合い相互に支え合っている土壌から養分を得ているのが心情主義的道徳教育だとすれば、その理論と実践がはびこるほどにその土壌も強化され、そこに巣くうさまざまな現代的病理も広がっていくからである。それと同時に、心情主義的道徳教育論それ自身に内在している「知行不一致現象の拡大再生産」等々のさまざまな問題も、いっそう大きくなっていくからである。

知行不一致現象の克服をめざしたはずの心情主義的道徳教育論がむしろその現象を拡大する、という逆説に議論を絞ってみるだけでもいい。その道徳教育論が説かれるほどに、人々の発言と行動はますます乖離していくだけでなく、知行不一致現象の一つの背景となっている社会の抑圧も強化されていく。つまり、深い理解から遠く隔たった人々の思考や発言は、個人や組織の自己保存のためのゲームの規則や計算に従うばかりで、責任ある行動には結びついていかないし、加えて人々は、生の不安や自己の空虚さを振り払うのに躍起になるあまり知と行為の一貫性を保つことができなくなっていく。かくして、発言と行動の乖離を埋めるものとして「心」の重要性がいっそう説かれるのであるが、そのことによって不毛な悪循環はさらに深まっていくのである。

にもかかわらず、今日の日本社会では、厳密な理論的探究も冷徹な批判的精神も欠いたまま、心情主義の（道徳）教育（つきつめれば〈心の教育〉）の幻想にとりつかれて、文部科学省のかけ声に合わせながら皆が一斉に同じ方向につきすすみ、誰も責任を自覚しないままに空虚で危険な試みが続けられている。このような事態をいったいわれわれは何と呼べばいいのだろうか。それこそまさに、物質的に豊かな社会の乾いた饒舌の裏側で静かに繰り広げられつつある悲劇というべきではなかろうか。

しかしながら、本書でも示唆したように、この閉塞した状態から抜け出す道はないわけではない。ひょっとしたら、善良な道徳教師の思いやりや嘆きなどものともしない、深い道徳的理解に根ざした時流への不服従――「わかっているのにやらない」として非難されることも少なくないであろう――こそが、悲劇の向こう側へと堅い扉をこじ開けてくれるのかもしれない。

（1）　J・デューイ、J・M・タフツ（久野収訳）『社会倫理学』河出書房、一九九六年、第二章～第四章を参照。

（2）　辻本雅史『「学び」の復権――模倣と習熟』講談社、一九九九年、一三七―一三八頁。

（3）　周知のように、カント的な「道徳性」の立場に依拠しつつ、ヘーゲルのこの「道徳性」批判の指摘を考慮しようとしている一人が、ユルゲン・ハーバーマス（Jürgen Habermas）である。たとえば、ハーバーマス（岩倉正博訳）「道徳と人倫――カントに対するヘーゲルの異議は討議倫理学にもあてはまるか」河上倫逸、M・フーブリヒト編『法制化とコミュニケイション的行為』（未来社、一九八七年）を参照のこと。

(4)　A・マッキンタイア（篠崎榮訳）『美徳なき時代』みすず書房、一九九三年。

(5)　コールバーグ理論のこの問題に関しては、加賀裕郎のすぐれた考察がある（加賀裕郎「モラル・ジレンマからジャスト・コミュニティへ——コールバーグ理論の展開」佐野安仁・吉田謙二編『コールバーグ理論の基底』世界思想社、一九九三年）。

(6)　Hare, *Moral Thinking*, esp., p. 146. 邦訳、二二八頁。

(7)　ここでわれわれは、選好の善さは選好の内容と関連づけながら決定すべきである、という形でヘアを批判しているのではない。ヘア自身が、選好の内容に批判的思考に先立って「高級」「低級」等の区別を導入することに反対している事実（Hare, *Moral Thinking*, 8.8）を考えると、そのような批判はすでにヘアも念頭に置いていたといえるからである。それに対し、われわれが主張しているのは、選好それ自身は善ではなく、善を構成する条件にしかなりえないということであり、さらに善の条件としての資格を手に入れるためには、選好の内容についての批判的考察（歴史的社会的形成過程についての考察）が必要だということである。

(8)　たとえば体罰が盛んになるのはむしろ近代以降である。その多様な背景についてはさしあたり、安川哲夫「体罰」教育思想史学会編『教育思想事典』（勁草書房、二〇〇〇年）を参照のこと。

(9)　「動機づけ要因と正当化要因の区別、および正当化のための理由と『べき』言明の間の論理的な関係が、『道徳的なべき』と道徳的弱さの問題に特に重要な含意をもっている」(Straughan, 'I *Ought to but…*', p. 53)。

(10)　*Ibid*., p. 51.

(11)　*Ibid*., p. 53, p. 57.

(12)　*Ibid*., p. 115.

(13)　*Ibid.*, cf. p. 64.
(14)　*Ibid.*, p. 152.
(15)　*Ibid.*, pp. 154-55.
(16)　野家啓一『無根拠からの出発』(勁草書房、一九九三年)、七章、を参照のこと。
(17)　ヘアが用いた「選好」には、①〈基本的善〉としての選好、および②質的価値づけ作用としての選好、の両方が混在していると考えられる。功利主義を擁護する場合は①の観点に立ち、「指令性」と選好を結びつける場合は②の発想に立つ、というわけである。したがって、彼がこの二つを区別し、①の考えを放棄すれば、単にカント主義と功利主義を折衷的に和解させるのではなく、両者を超えた地平に立つことができたと考えられる。
(18)　この区別が道徳教育にとってもつ重大な意味については、松下良平「『納得』への異議——道徳教育内容研究の観点から」グループ・ディダクティカ編『学びのための授業論』(勁草書房、一九九四年)を参照のこと。
(19)　知の客観主義が「心の発明」と結びついていることについては、Rorty, R., *Philosophy and the Mirror of Nature*, Princeton University Press, 1979. 野家啓一監訳『哲学と自然の鏡』(産業図書、一九九三年)を参照のこと。
(20)　T・S・クーン(中山茂訳)『科学革命の構造』みすず書房、一九七一年、第四章。
(21)　Rorty, R., *op. cit.*, p. 10. 邦訳、序論二八頁。
(22)　詳しくは、松下良平「知の解釈学と伝達観・学習観の転換」稲葉宏雄編『教育方法学の再構築』(あゆみ出版、一九九五年)を参照のこと。
(23)　たとえば、野家啓一『科学の解釈学』(新曜社、一九九三年)を参照のこと。
(24)　今井康雄は、「知識と行為の、分離ではなく癒着——『知っている』ことが道具的な意味での『できる』

でしか計測されないという事態――こそが現代における〈知識／行為〉問題の前提」であるというが（今井康雄「〈知識／行為〉問題の教育思想史的文脈」『教育哲学研究』第六五号、一九九二年、二五頁）、そこでいわれる知識と行為の「道具的結合」や「機械的結合」（三〇頁）とは、近代社会の知識をめぐるこのような事態を指していると考えられる。だとすれば、実はこうした機械的結合それ自体が、「知っているけど出来ない」現象（知行不一致現象）の産みの親となりそれの再生産を促しているといえよう。今井が「〈知識＝行為〉論」と呼ぶものにおいては、知識と行為の関係の表面的には矛盾するこの二面性への言及がないけれども、そこで唱えられる知識と行為の道具的結合を「破壊する」教育実践の意義は、知行不一致現象への教育的対応法の基礎として、大変興味深く示唆的である。

(25) 心情主義的道徳教育論と親和的な近代社会の構造が今日の情報消費社会の中で学習意欲の低下を招くことについては、松下良平「学力論の言語と視線――情報消費社会の中での破綻」『教育哲学研究』（第八五号、二〇〇二年）を参照していただきたい。

(26) 森村進『権利と人格――超個人主義の規範理論』創文社、一九八九年、二二二―二二三頁。

(27) 大庭健『他者とは誰のことか――自己組織システムの倫理学』を参照のこと。

(28) 詳しくは、松下良平「『納得』への異議」を参照のこと。

(29) Gadamer, *Wahrheit und Methode*, S. 280. 前掲抄訳、二〇〇頁。

(30) 人間による行為の結果の予測が不完全であることをサンクションは補ってくれるが、それは「リスクを避ける」という〝保守的な〟選択をする場合に限られる。そうではない場合には――日常生活では圧倒的にこちらの方が多いと思われるが――、行為結果の予測の不完全性を補ってくれるのは、予想と異なって生じた行為結果に対して責任を負うこと、すなわち思いもよらない苦しみや犠牲を与えることになった人に対して絶えず「呼応可能であること」（responsibility）という意味での「責任」の倫理である。

(31) J・ロールズ（矢島鈞次監訳）『正義論』紀伊國屋書店、一九七九年、一一七頁以下、特に一四七頁の

註19を参照のこと。

(32)　英米の高等教育における同様の傾向については、R・N・ベラーほか（中村圭志訳）『善い社会──道徳的エコロジーの制度論』（みすず書房、二〇〇〇年）、一六四頁以下、を参照のこと。

(33)　正確にいえば、数科目から十数科目にわたる「教育課程及び指導法に関する科目」の中に「含めることが必要な事項」が「道徳の指導法」である。したがって、「道徳の指導法」という授業科目が強制されているわけではないが、施行規則をごく素直に受け取れば「道徳の指導法」という名称の授業科目が成立し、実際にもその名称を多くの大学は採用しているのである。

あとがき

道徳教育が大切なことはわかる。でも、自分の思いとはどこかくいちがうことが押しつけられているような気がして、どうも好きにはなれない。――この本は、日頃そのように感じているあなたのために書かれた。そのような人を問題視したり、「あなたの気持ちはよくわかる。でもね、大事なことだったらイヤなことでもやらなければならないんだよ」といって手なずけようとする教育は、どこかおかしい（むしろしばしば反道徳的な教育である）、と学校の教師や親や教育の研究者に告げるために。そしてできることなら、あなたの感性はけっしてまちがってはいないよ（その一見個人的ないらだちの中には、むしろ道徳教育の本質的な問題が隠されているんだよ）、と直接あなたに伝えるために。

個人的なことをいわせてもらえば、この「あなた」とはかつての私自身でもある。おそらく小学生の頃からこのような思いを漠然と抱いてきて、大学に入って研究のまねごとを始めたのであるが、それから優に一〇年以上経った頃ようやく「なぜ道徳教育はこのような思いを人に抱かせるのか」、その仕組みがわかりかけてきた。どの本や論文を読んでも答えは書いてなかったが、考えるヒントになりそうなものは方々にばらまかれていた。それらを手がかりに、手探りで答えを追い求めつづけた。道徳教育を学校のいわゆる道徳教師の手から解き放たなければいけないし、道徳教育を教育の一部門に押しとどめてはならない。「道徳教育」という名の下に現に行われている教育の大半はつまらないけれど、道徳についての教育はとても重要である。――研究を進めるごとに、このような思いはますます強くなっていった。まだまだ道半ばではあるが、この問題をめぐって考えてきたことの一端をどうにかまとめることができて、少しだけホッとしている。

＊

本書の元になったのは、所属大学の学部紀要（『金沢大学教育学部紀要　教育科学編』）に掲載された、「心情主義的道徳教育論批判」というサブ・タイトルの付いた以下の一連の論文である。「道徳的規範理解の構造(1)(2)」（第43号、一九九四年）、「知行不一致現象の原因とそれへの教育的対応法」「近代という状況に組み込まれた教育理論」（第44号、一九九五年）。ただし、本にするに際しては、教育学・道徳教育論の専門家だけでなく、広く教育・道徳教育に関心をもつ人々に読んでもらいたいという気持ちもあり、章立てのやり直しをはじめとして、元の原稿に大幅に手を加えた。元の原稿が学術論文の体裁を取っていたため改稿には限界があったが、少しでも多くの人が私の投げかけた議論に参加してくだされば幸いである。

図らずも、この本が単著としては私の第一作となった。図らずも、というのは、本書の基礎になる部分を考察したいささか大部の原稿が先にできあがっていたのであるが、そちらの出版が具体化する前に、本書が出版されることになったからである。原理編と応用編とでもいうべきこの二つの本のうち、原理編の方が先に出版されなければ困るということは特にない。だが、残念なのは、本書で説明し足りなかったこと（たとえば道徳原理の認識論的・存在論的な性格や、その正当性・権力性をめぐる諸問題や、その伝達の仕組みについて）がもう一つの本（になるはずのもの）ではかなり詳細に展開されているにもかかわらず、そこを参照箇所として明示できなかったことである。本書を読んで、不明なところ・つっこみ不足なところがあると感じた方々、道徳や道徳教育についてさらに根本的に考えてみたいと思った方々に、いずれ〝もう一つの本〟も併せて読んでいただけるなら、著者としてはこれ以上うれしいことはない。

＊

この本にたどり着くまでには、京都大学の学部・大学院生時代の恩師である稲葉宏雄先生、天野正輝先生、田中昌人先生をはじめとして、多くの方々にお世話になった。私の第一作であるからには、一人ひとり名をあげて感謝のことばを申し上げたいところだが、いただいたご指導・ご支援の数々はこのような小著にはいささか不釣り合いな気がするので、〝もう一つの本〟の出版まで具体的に名前をあげるのを差し控えることをお許し願いたい。

とはいえ、私のことを勁草書房に紹介してくださった中央大学の森田尚人先生には、特に記して感謝を申し上げたい。また、勁草書房の伊藤真由美さんは、本の出版の順序で迷っていた私の後押しをし、原稿の中身についても有益な意見をいろいろくださった。心より感謝申し上げます。

最後に、本書の原稿を読んで適切なアドバイスをくれただけでなく、いつでもどこでも硬軟さまざまな議論を吹きかける私に絶妙のジャブを返してくれる妻・佳代にも、この場を借りて改めてお礼をいっておきたい。どうもありがとう。

二〇〇二年九月

松下良平

著者略歴

1959年　鹿児島県生まれ

1987年　京都大学大学院教育学研究科博士後期課程学修認定退学

現　在　金沢大学教育学部助教授　博士（教育学）

著　書　（共著）グループ・ディダクティカ編『学びのためのカリキュラム論』（勁草書房，2000年），杉浦宏編『日本の戦後教育とデューイ』（世界思想社，1998年），ほか。

知ることの力　心情主義の道徳教育を超えて［教育思想双書 2］

2002年12月15日　第1版第1刷発行

著　者　松《まつ》　下《した》　良《りよう》　平《へい》

発行者　井　村　寿　人

発 行 所　株式会社　勁《けい》　草《そう》　書　房

112-0005 東京都文京区水道2-1-1　振替 00150-2-175253

（編集）電話 03-3815-5277／FAX 03-3814-6968

（営業）電話 03-3814-6861／FAX 03-3814-6854

平文社・青木製本

http：//www.keisoshobo.co.jp

知ることの力
心情主義の道徳教育を超えて

2017年7月1日　オンデマンド版発行

著　者　松　下　良　平

発行者　井　村　寿　人

発行所　株式会社　勁《けい》　草《そう》　書　房

112-0005 東京都文京区水道 2-1-1　振替　00150-2-175253
（編集）電話 03-3815-5277／FAX 03-3814-6968
（営業）電話 03-3814-6861／FAX 03-3814-6854
印刷・製本　(株)デジタルパブリッシングサービス http://www.d-pub.co.jp

AJ957

ISBN978-4-326-98282-0　Printed in Japan